GUIDE
DE LA
ROUTE

D1247809

LES PUBLICATIONS DU QUÉBEC
1500 D, rue Jean-Talon Nord, Sainte-Foy (Québec) G1N 2E5

VENTE ET DISTRIBUTION
Case postale 1005, Québec (Québec) G1K 7B5
Téléphone : (418) 643-5150, sans frais, 1 800 463-2100
Télécopieur : (418) 643-6177, sans frais, 1 800 561-3479
Internet : http://doc.gouv.qc.ca

Données de catalogage avant publication (Canada)

Vedette principale au titre:

Guide de la route

Annuel.
ISSN 1182-5057
ISBN 2-551-17978-5

1. Sécurité routière - Québec (Province) - Guides, manuels, etc.
2. Conduite automobile - Québec (Province) - Guides, manuels, etc.
3. Circulation - Droit - Québec (Province) - Guides, manuels, etc.
4. Signalisation routière - Québec (Province) - Guides, manuels, etc. I. Régie
de l'assurance automobile du Québec.

KEQ590.S42   343.71409'46   C91-081990-4

Les
**PUBLICATIONS
DU QUÉBEC**

GUIDE
DE LA
ROUTE

Québec ⊞

Le contenu de cette publication a été préparé par le Service des politiques et des programmes des conducteurs de la Société de l'assurance automobile du Québec.

Coordonnateur
Jean-Pierre Gagnon

Chargé de projet – Direction des communications
Carl Tremblay

Collaboration au chapitre *Signalisation routière*
Ministère des Transports du Québec

Cette édition a été produite par
Les Publications du Québec
1500-D, rue Jean-Talon Nord
Sainte-Foy (Québec)
G1N 2E5

Dépôt légal – 1998
Bibliothèque nationale du Québec
Bibliothèque nationale du Canada
ISBN 2-551-17978-5
ISSN 1182-5057

La présente publication, destinée aux usagers de la route, est un condensé du *Code de la sécurité routière* et de ses règlements. Elle annonce les prescriptions majeures de la loi, rappelle les normes de la conduite automobile et donne certains conseils pratiques.

Cette publication tient compte également des modifications importantes apportées au *Code de la sécurité routière* au cours de l'année 1997. Ces dernières concernent les conditions d'obtention d'un premier permis de conduire, en vigueur depuis le 30 juin, et les nouvelles sanctions relatives à la conduite avec les capacités affaiblies et à la conduite sans permis valide, dont l'entrée en vigueur a été fixée au 1er décembre 1997.

Chaque usager de la route, qu'il soit piéton, cycliste, passager ou conducteur de quelque véhicule que ce soit, trouvera dans ce document un aperçu de ses droits et devoirs.

Pour toute référence légale, consulter les textes officiels de la loi.

Dans ce document, le générique masculin désigne aussi bien les femmes que les hommes et est utilisé dans le seul but d'alléger le texte.

TABLE DES MATIÈRES

T

CHAPITRE 2

■LES RÈGLES DE LA CIRCULATION

CHAPITRE 3
■LE VÉHICULE

CHAPITRE

LE CONDUCTEUR

LE CONDUCTEUR

Plus de 4 000 000 de Québécois et de Québécoises sont titulaires d'un permis de conduire.

Loin d'être un droit absolu, le permis doit être considéré comme un privilège; il faut donc satisfaire à des exigences précises pour l'obtenir. Par ailleurs, il peut vous être retiré si votre comportement ou votre état de santé devient une menace pour votre sécurité et celle des autres usagers de la route.

■ LE PERMIS DE CONDUIRE

Au Québec, pour obtenir un premier permis de conduire, il faut avant tout être titulaire d'un permis d'apprenti conducteur puis d'un permis probatoire. Toutefois, le permis probatoire est réservé seulement aux conducteurs âgés de 16 à 24 ans.

■ Pour obtenir un premier permis de conduire

Les premières exigences à satisfaire pour conduire un véhicule de promenade ou une motocyclette concernent l'âge et les compétences.

Âge minimal

Pour obtenir un permis pour la conduite d'un véhicule de promenade ou d'une motocyclette, une personne doit:

- être âgée d'au moins 16 ans ;
- avoir, si elle est mineure, le consentement écrit du titulaire de l'autorité parentale (père ou mère).

Elle doit également être en mesure de prouver son identité par son certificat de naissance ou l'équivalent et par une autre pièce d'identité.

Connaissances théoriques

Il est essentiel de faire l'apprentissage des connaissances théoriques liées à la conduite d'un véhicule de promenade ou d'une motocyclette. Pour y parvenir, une personne peut :

- soit s'aider des documents de référence recommandés par la Société ;
- soit s'inscrire à un cours de conduite.

Le permis d'apprenti conducteur

L'obtention d'un permis d'apprenti conducteur est une condition préalable à l'apprentissage sur route.

Ce permis est délivré lorsque l'apprenti satisfait aux exigences suivantes :

- remplir la déclaration médicale fournie par la Société ;
- réussir le test visuel de la Société ;
- réussir l'examen portant sur les connaissances théoriques. Cette vérification des connaissances porte sur le *Code de la sécurité routière* et la signalisation routière ; elle comporte également une partie portant spécifiquement sur les principes et les techniques de la conduite d'un véhicule de promenade ou d'une motocyclette, selon la classe de permis recherchée. La note de passage est fixée à 75 % pour chacune des trois parties de l'examen ;
- en cas d'échec, une reprise est possible. L'apprenti ne reprend que la ou les parties de l'examen auxquelles il a échoué. Un délai de 7 jours est toutefois imposé avant la reprise.

La pratique

Le permis d'apprenti conducteur est délivré pour une période de 18 mois. Il est toutefois possible de se présenter à l'examen pratique après 12 mois, ou 8 mois si un cours de conduite, donné par une école reconnue, a été suivi avec succès. Ce permis permet de faire l'acquisition des connaissances et des habiletés nécessaires à la conduite d'un véhicule de promenade ou d'une motocyclette sur le réseau routier.

Au cours de sa période d'apprentissage, le titulaire doit circuler sur le réseau routier. Il devra donc être accompagné d'une personne titulaire, depuis au moins deux ans, d'un permis de conduire valide autorisant la conduite d'un véhicule de promenade ou d'une motocyclette, selon le cas. Cet accompagnateur devra être en mesure de fournir aide et conseil. Dans le cas de la motocyclette, l'accompagnateur doit prendre place sur une autre motocyclette, car l'apprenti conducteur n'est pas autorisé à transporter un passager.

Le permis d'apprenti conducteur est une pièce officielle distincte à laquelle se rattache un régime de sanctions particulier (0 alcool et 4 points d'inaptitude) par rapport à celui du permis de conduire (80 mg % d'alcool et 15 points d'inaptitude). Il est à noter que la règle du zéro alcool fait référence à l'interdiction de conduire après avoir consommé de l'alcool.

Le choix d'une école de conduite

L'inscription ou non à un cours offert par une école de conduite reconnue est laissée au choix du candidat. Toutefois, le *Code de la sécurité routière* prévoit que la période d'apprentissage peut être réduite de 12 à 8 mois, si un candidat réussit le cours offert par une école de conduite reconnue par le *CAA-Québec* ou la *Ligue de sécurité du Québec*. Il devient alors possible de se présenter à l'examen pratique de la Société 8 mois après avoir obtenu le permis d'apprenti conducteur. Pour tout renseignement sur les écoles de conduite reconnues, on peut s'adresser à :

CAA-Québec	**Ligue de sécurité du Québec**
444, rue Bouvier	2536, rue Lapierre
Québec (Québec) G2J 1E3	Ville LaSalle (Québec) H9N 2W9
Montréal : (514) 861-7575	Montréal : (514) 595-9110
Ailleurs au Québec :	Ailleurs au Québec :
1 800 924-0708	1 800 595-9110

L'examen pratique

Pour être admissible à l'examen pratique, le candidat doit obligatoirement avoir été titulaire d'un permis d'apprenti conducteur pendant au moins 12 mois, ou 8 mois s'il a suivi avec succès un cours de conduite offert par une école reconnue.

Lors de l'examen pratique, la Société vérifie si le candidat a acquis les connaissances et habiletés nécessaires à la conduite d'un véhicule. Dans le cas d'un examen pratique pour le véhicule de promenade, le candidat est alors appelé à exécuter les manoeuvres relatives à la conduite d'un véhicule sur le réseau routier : il aura à démontrer qu'il est en mesure de circuler en ligne droite, de franchir une courbe, de s'immobiliser ou de franchir une intersection, d'exécuter des virages, de faire des changements de voies et de faire marche arrière. Dans l'exécution de ces manoeuvres, il doit :

- faire preuve d'un grand respect des règles de la circulation ;
- démontrer sa faculté d'adaptation à des situations de conduite variées ;
- démontrer qu'il connaît les techniques permettant de réaliser, de façon sécuritaire, les manoeuvres relatives à la conduite d'un véhicule;
- se conformer aux consignes qui lui sont données par l'évaluateur.

Pour réussir, le candidat doit :

- atteindre la note de 75 % lors de l'exécution des manoeuvres ;
- avoir un score parfait dans l'application et le respect des règles de la circulation.

En cas d'échec, un délai est imposé pour la reprise de l'examen : il est de 21 jours pour les candidats qui désirent conduire un véhicule de promenade et de 14 jours pour ceux qui désirent conduire une motocyclette.

Le permis probatoire

Une fois l'examen pratique réussi, le candidat obtient un permis probatoire s'il est âgé de 16 à 24 ans. L'apprenti conducteur âgé de 25 ans ou plus obtiendra immédiatement un permis de conduire après avoir réussi l'examen pratique.

La durée du permis probatoire est fixée à 24 mois ou jusqu'à l'âge de 25 ans, selon une telle éventualité. Ainsi, dès que le titulaire atteint l'âge de 25 ans à l'intérieur de la période probatoire de 24 mois, il peut obtenir son permis de conduire immédiatement en se présentant dans l'un des centres de service de la Société.

Le régime de sanctions d'un permis probatoire est le même que celui du permis d'apprenti conducteur (0 alcool et 4 points d'inaptitude). En outre, le titulaire de ce permis ne peut pas accompagner une autre personne dans l'apprentissage de la conduite d'un véhicule routier.

Le permis de conduire

Le permis de conduire est valide pour deux ans même si la durée du permis plastifié avec photo est de quatre ans. Pour conserver le privilège de conduire, le titulaire doit acquitter l'avis de paiement expédié par la Société. Le coût du permis de conduire est établi en fonction du nombre de points d'inaptitude inscrits au dossier du conducteur. Le titulaire d'un permis de conduire est soumis à un régime de sanctions qui tolère un taux d'alcool jusqu'à 80 mg % et une limite de 15 points d'inaptitude.

■ Les classes de permis

Il existe sept classes de permis. Ces classes ont été établies en tenant compte des catégories de véhicules en utilisation au Québec. Chacune de ces classes nécessite des compétences particulières de la part du conducteur.

LES CLASSES DU PERMIS DE CONDUIRE

VÉHICULES QUE LE TITULAIRE DE CHACUNE DES CLASSES EST AUTORISÉ À CONDUIRE	
Classe 1	Ensemble de véhicules routiers composé: • d'un tracteur, équipé d'une sellette d'attelage, qui tire une ou plusieurs remorques ou semi-remorques ; ou • d'un véhicule de la classe 3 qui tire une remorque ou une semi-remorque dont la masse nette est de 2 000 kg ou plus. Le titulaire est également autorisé à conduire les véhicules des classes 2, 3, 4A, 4B, 4C, 5, 6D et 8.
Classe 2	Autobus aménagé pour le transport de plus de 24 passagers à la fois. Le titulaire est également autorisé à conduire les véhicules des classes 3, 4A, 4B, 4C, 5, 6D et 8.
Classe 3	Camion porteur comptant: • trois essieux ou plus; ou • deux essieux et dont la masse nette est de 4 500 kg ou plus. Le titulaire est également autorisé à conduire les véhicules des classes 4A, 4B, 4C, 5, 6D et 8.
Classe 4A	Véhicule d'urgence Le titulaire est également autorisé à conduire les véhicules des classes 4B, 4C, 5, 6D et 8.
Classe 4B	Minibus ou autobus aménagés pour le transport de 24 passagers ou moins à la fois. Le titulaire est également autorisé à conduire les véhicules des classes 4C, 5, 6D et 8.
Classe 4C	Taxi Le titulaire est également autorisé à conduire les véhicules des classes 5, 6D et 8.

Classe 5	Véhicule de promenade, tout véhicule comptant deux essieux, et dont la masse nette est inférieure à 4 500 kg, habitation motorisée, véhicule-outil ou véhicule de service. Le titulaire est également autorisé à conduire les cyclomoteurs (classe 6D) et les tracteurs de ferme (classe 8).
Classe 6A	Toute motocyclette. Le titulaire est également autorisé à conduire un cyclomoteur (classe 6D) et un tracteur de ferme (classe 8).
Classe 6B	Motocyclette dont la cylindrée est de 400 cm³ ou moins. Le titulaire est également autorisé à conduire un cyclomoteur (classe 6D) et un tracteur de ferme (classe 8).
Classe 6C	Motocyclette dont la cylindrée est de 125 cm³ ou moins. Le titulaire est également autorisé à conduire un cyclomoteur (classe 6D) et un tracteur de ferme (classe 8).
Classe 6D	Cyclomoteur
Classe 8	Tracteur de ferme

■ Le passage à une classe supérieure

On ne peut passer librement d'une classe de permis à une autre. Pour obtenir un permis d'une autre classe, le titulaire doit satisfaire aux exigences établies selon chacune des classes.

Le tableau ci-après résume ces principales exigences.

Classes	Expérience de conduite	Évaluation médicale	Test visuel	Examen théorique	Examen pratique	Permis d'apprenti conducteur
1	3 ans	x	x	x	x	x
2	2 ans	x	x	x	x	x
3	2 ans	x	x	x	x	x
4A	2 ans	x	x	x		
4B	1 an	x	x	x		
4C	1 an	x	x	x		
5			x	x	x	x
6A			x	x	x	x
6B			x	x	x	x
6C			x	x	x	x

D'autres exigences peuvent également s'ajouter.

Par exemple, pour obtenir le permis autorisant la conduite d'un taxi, il ne faut pas avoir été condamné depuis cinq ans pour un acte criminel lié à l'exploitation du transport par taxi.

Également, pour exercer le métier de chauffeur de taxi, il ne suffit pas d'être titulaire d'un permis autorisant la conduite d'un taxi; il faut en outre être titulaire d'un permis de chauffeur de taxi prévu par la Loi et le Règlement sur le transport par taxi. Pour plus de renseignements sur les exigences relatives à la conduite d'un taxi, le *Guide du chauffeur de taxi québécois* peut être obtenu auprès du ministère des Transports du Québec.

Pour obtenir toutes les précisions voulues sur le passage à une classe supérieure, on peut communiquer avec le centre de service de la Société le plus près de chez soi ou avec l'un de ses services de l'information à la clientèle.

Le permis de classe 6D-cyclomoteur

Depuis le 30 juin 1997, de nouvelles règles s'appliquent aux titulaires de permis de classe 6D—cyclomoteur, en fonction de leur âge et de leur expérience de conduite.

Ainsi, ceux qui ont moins de 25 ans ou qui ont leur permis depuis moins de cinq ans sont soumis aux mêmes règles que les titulaires d'un permis d'apprenti conducteur ou probatoire, soit le 0 alcool et les 4 points d'inaptitude.

Quant aux titulaires d'un permis de cyclomoteur depuis cinq ans et plus ainsi que ceux âgés de 25 ans ou plus, ils sont soumis aux mêmes règles que les titulaires d'un permis de conduire, soit le 80 mg % d'alcool et les 15 points d'inaptitude. Cependant, si ce titulaire désire conduire un véhicule de promenade ou une motocyclette, il devra d'abord obtenir un permis d'apprenti conducteur et se soumettre à la règle du 0 alcool et des 4 points d'inaptitude.

La conduite d'un cyclomoteur sur un chemin public est interdite aux moins de 14 ans. La personne de 14 ans et plus qui veut obtenir un permis devra :

- obtenir, si elle est mineure, le consentement écrit du titulaire de l'autorité parentale (père ou mère) ;

- présenter la feuille-réponse dûment remplie du cahier intitulé *Activité d'apprentissage autonome pour la conduite d'un cyclomoteur*, disponible dans les centres de service de la Société ;

- remplir la déclaration médicale fournie par la Société ;

- réussir le test visuel ;

- réussir l'examen de compétence de la Société.

■ Les obligations du conducteur

La personne qui conduit sur la voie publique doit être titulaire d'un permis valide, dûment signé, et l'avoir avec elle. Les sommes requises à l'utilisation d'un permis doivent être payées. Tout conducteur doit également avoir les documents relatifs au véhicule, c'est-à-dire :

- le certificat d'immatriculation valide ;

- l'attestation d'assurance ou de solvabilité ;

- le contrat de location (original ou copie) dans le cas d'un véhicule loué pour moins d'un an ;

- la preuve écrite de la durée du prêt s'il s'agit d'un véhicule prêté par un commerçant.

Ces pièces doivent être remises à un agent de la paix qui en fait la demande.

Tout conducteur ou propriétaire de véhicule qui ne possède pas d'assurance-responsabilité et qui est impliqué dans un accident provoquant des dommages matériels de plus de 500 dollars voit son permis de conduire, d'apprenti conducteur ou probatoire suspendu. Il lui est également interdit de remettre en circulation tout véhicule routier immatriculé à son nom.

Un document unique

Il est interdit d'être titulaire de plus d'un permis de conduire ou d'un permis probatoire ou de plus d'un permis d'apprenti conducteur valide d'une même classe officiellement délivré par la Société de l'assurance automobile du Québec ou par une autre administration au Canada ou aux États-Unis. De même, il est interdit de prêter un permis ou, pour en obtenir un, de fournir un renseignement faux ou trompeur.

La bonne adresse

L'adresse qui paraît sur le permis doit être celle de sa résidence principale.

Sous peine des sanctions prévues au *Code de la sécurité routière*, on doit informer la Société de tout changement d'adresse dans les 30 jours. Aucuns frais ne sont exigés pour un changement d'adresse.

Le remplacement du permis

C'est à la Société qu'on doit demander le remplacement d'un permis rendu illisible, endommagé, perdu, détruit ou volé. Le nouveau permis est délivré moyennant certains frais.

Le paiement du permis

Même si la durée du permis plastifié est de quatre ans, le titulaire doit payer les sommes requises tous les deux ans pour conserver le droit de conduire. Conduire alors que le permis est échu constitue une infraction entraînant, entre autres sanctions, une amende.

■ Les exigences relatives à la santé du conducteur

L'état de santé ou la conduite avec les capacités affaiblies peut entraîner le refus ou le retrait d'une classe de permis ou restreindre les privilèges accordés par celle-ci lorsqu'une ou plusieurs des conditions suivantes apparaissent sur le permis de conduire :

A	Doit porter des lunettes ou des lentilles cornéennes.
B	Doit conduire le jour uniquement.
C	Doit porter un appareil auditif pour conduire.
D	Doit subir un examen ou une évaluation sur sa santé tous les cinq ans.
E	Doit subir un examen ou une évaluation sur sa santé tous les six mois.
F	Doit subir un examen ou une évaluation sur sa santé tous les ans.
G	Doit subir un examen ou une évaluation sur sa santé tous les trois ans.
H	Doit conduire un véhicule dont la masse nette est inférieure à 2 500 kg.
I	Doit conduire un véhicule muni d'un dispositif détecteur d'alcool qui empêche la mise en marche du véhicule.
J	Doit conduire un véhicule muni d'une transmission automatique.
K	Doit conduire un véhicule muni d'une servodirection.
L	Doit conduire un véhicule muni d'un servofrein.
M	Ne peut conduire un véhicule public.
N	Doit porter un harnais de sécurité pour conduire.
P	Doit conduire un véhicule muni de commandes manuelles.

Q	Doit conduire un véhicule muni de feux-codes manuels.
R	Doit conduire un véhicule muni d'un accélérateur à gauche.
S	Est sujet aux conditions médicales énumérées sur le permis.
T	Est sujet à d'autres conditions non médicales.
V	Doit conduire un véhicule muni de commandes adaptées au handicap.

La Société peut suspendre un permis ou une classe de permis lorsque le titulaire:

• refuse de se soumettre à un examen ou une évaluation sur sa santé ou omet de remettre le rapport d'un tel examen;

• refuse de se soumettre à un examen de compétence ou y échoue;

• est atteint d'une maladie ou d'une déficience de nature à constituer un danger pour la sécurité routière.

Les examens exigés pour des raisons de santé

La Société peut exiger du titulaire d'un permis un examen de compétence, ou un examen ou une évaluation sur sa santé dans l'un ou l'autre des cas suivants:

• il a atteint l'âge de 70 ans ;

• son permis l'autorise à conduire un ensemble de véhicules routiers, un camion porteur, un autobus ou un minibus, un véhicule d'urgence ou un taxi ;

• il n'a pas subi d'examen depuis dix ans ;

• la Société a des motifs raisonnables de vérifier son état de santé ou son comportement de conducteur.

Des examens de compétence sont exigés de toute personne dont le permis est échu depuis trois ans ou plus, ou qui demande de modifier une classe de son permis. Un examen ou une évaluation sur la santé de la personne peut être exigé avant la modification d'une des conditions figurant sur le permis.

■ La révocation ou la suspension du permis

Révoquer un permis veut dire qu'il n'existe plus. La personne qui voit son permis faire l'objet d'une révocation perd son droit de conduire un véhicule routier.

Suspendre un permis veut dire y mettre fin de façon temporaire. Suspendre le droit d'une personne d'obtenir un permis signifie que la Société ne peut lui en délivrer aucun pendant une période déterminée.

Une révocation ou une suspension du permis ou du droit d'en obtenir un intervient à la suite d'une condamnation pour une infraction au *Code criminel* liée à la conduite d'un véhicule routier, ou pour une accumulation de points d'inaptitude découlant d'infractions au *Code de la sécurité routière*, à un règlement municipal, à une loi ou à un règlement provincial ou fédéral sur la circulation routière.

Il est important de noter que lorsque des infractions sont commises dans une province canadienne ou dans un État américain avec lesquels le Québec a conclu une entente de réciprocité, la Société en est informée. Ces infractions entraînent l'inscription de points d'inaptitude au dossier du conducteur, comme si elles avaient été commises au Québec.

Les infractions au Code criminel

Une personne reconnue coupable d'une des infractions suivantes au *Code criminel* voit son permis révoqué ou son droit d'en obtenir un suspendu :

- négligence criminelle causant la mort ou des lésions corporelles ;
- homicide involontaire ;
- conduite dangereuse ;
- conduite dangereuse causant la mort ou des lésions corporelles ;
- délit de fuite ;
- refus de subir l'alcootest ou de fournir un échantillon de sang ;
- conduite ou garde d'un véhicule avec les capacités affaiblies causant la mort ou des lésions corporelles ;
- conduite ou garde d'un véhicule avec un taux d'alcool supérieur à 80 mg %.

Voici un tableau présentant les peines prévues par le *Code criminel* à la suite d'une condamnation liée à la conduite d'un véhicule avec les capacités affaiblies par l'alcool ou la drogue.

	PEINES		
	Interdiction de conduire	Amende [1]	Emprison-nement [2]
	Après une première infraction		
	3 mois à 3 ans	300 $ à 2 000 $	0 jour à 6 mois
	Après une deuxième infraction		
	6 mois à 3 ans	300 $ à 2 000 $	14 jours à 6 mois
	Après une troisième infraction ou plus		
	1 an à 3 ans	300 $ à 2 000 $	90 jours à 6 mois
• **Conduire avec les capacités affaiblies causant des lésions corporelles**	Maximum 10 ans	Illimitée	Maximum 10 ans
• **Conduire avec les capacités affaiblies causant la mort**	Maximum 10 ans	Illimitée	Maximum 14 ans

[1] Il n'y a pas de limite maximale à l'amende imposée dans le cas d'une poursuite par mise en accusation.

[2] La durée maximale d'emprisonnement peut aller jusqu'à 5 ans, lorsqu'il n'y a pas eu lésions corporelles ou décès, dans le cas d'une poursuite par mise en accusation.

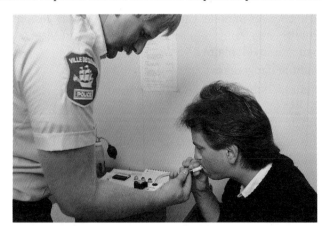

Les infractions au Code de la sécurité routière

Dans les cas de la révocation ou de la suspension du droit d'obtenir un permis, ce n'est qu'après avoir satisfait aux délais prescrits et aux conditions déterminées par le *Code de la sécurité routière* qu'on peut en obtenir un nouveau.

Délais prescrits

Selon la catégorie du permis et la nature de l'infraction, le *Code de la sécurité routière* prévoit des délais d'attente distincts pour chaque cas de délinquance.

Ainsi, pour les titulaires d'un permis de conduire, le délai varie entre un et trois ans, selon le nombre de fois que son permis a été révoqué au cours des cinq dernières années. La durée la plus longue ne peut excéder trois ans. Il s'agit là des délais que prévoit le *Code de la sécurité routière* et que doit appliquer la Société, même si le tribunal impose une interdiction de conduire moins longue en vertu du *Code criminel*. En contrepartie, le tribunal peut ordonner des délais supérieurs à ceux prévus par le *Code de la sécurité routière* ; la durée de cette sanction aura alors préséance.

Une particularité distingue les titulaires de permis d'apprenti conducteur, probatoire, restreint ou de classe 6D—cyclomoteurs, (dans le cas de cette classe, il ne s'agit que des personnes âgées de moins de 25 ans ou titulaires depuis moins de cinq ans). En ce qui les concerne, la conduite ou la garde d'un véhicule routier après avoir consommé de l'alcool (la règle du zéro alcool), OU l'omission de fournir un échantillon d'haleine, entraîne l'inscription de 4 points d'inaptitude à leur dossier et provoque ainsi la suspension de leur permis pour une période de trois mois. Après cette période, ils recouvreront leur permis et leur droit de conduire comme auparavant.

• **Pour toute condamnation en vertu du *Code criminel* pour la conduite d'un véhicule avec les capacités affaiblies ou un taux d'alcool supérieur à 80 mg %, le *Code de la sécurité routière* prévoit des sanctions spécifiques**

La révocation du permis de conduire
ou
la suspension du droit d'en obtenir un

Le contrevenant pourra obtenir un nouveau permis de conduire pourvu qu'il se soit écoulé, depuis la date de révocation ou de suspension du droit d'en obtenir un, une période de :

1 an	PREMIÈRE INFRACTION	Si aucune révocation ou suspension n'est survenue au cours des 5 années précédant cette révocation ou suspension.
2 ans	DEUXIÈME INFRACTION	Si une seule révocation ou suspension est survenue au cours des 5 années précédant cette révocation ou suspension.
3 ans	TROISIÈME INFRACTION	Si plusieurs révocations ou suspensions sont survenues au cours des 5 années précédant cette révocation ou suspension.

Les conditions de réobtention du permis

Les personnes dont le permis de conduire a été révoqué pour conduite avec les capacités affaiblies sont tenues de remplir des conditions spécifiques avant d'obtenir un nouveau permis. À cet effet, le *Code de la sécurité routière* prévoit :

• pour les contrevenants à une première infraction, l'obligation de suivre avec succès un programme d'éducation reconnu par le ministre de la Sécurité publique (Alcofrein) ; ou

• pour les récidivistes, l'obligation de produire une évaluation établissant la compatibilité de leur comportement relativement à la consommation d'alcool ou de drogues, avec la conduite sécuritaire d'un véhicule routier. Cette évaluation doit être faite par une personne dûment autorisée qui travaille dans un centre ou un service de réadaptation pour alcooliques ou toxicomanes.

Les permis restreints

Il existe deux types de permis restreints : le premier est relié à l'accumulation des points d'inaptitude (4 points et plus ou 15 et plus, selon le cas) ; le second est relié à la conduite avec les capacités affaiblies par l'alcool. Le titulaire d'un permis d'apprenti conducteur ne peut obtenir de permis restreint.

Le permis restreint relié aux points d'inaptitude

Le premier type de permis intéresse le conducteur dont le permis a été suspendue ou révoqué en raison d'une première accumulation de points d'inaptitude au cours des deux dernières années (4 points, s'il s'agit du permis probatoire, ou 15 points d'inaptitude, dans le cas du permis de conduire). Pour obtenir un permis restreint, cette personne doit présenter une requête à un juge de la Cour du Québec et en informer la Société. Lors de la présentation de la requête, il lui faut cependant prouver au juge qu'elle a absolument besoin de conduire un véhicule routier dans l'exécution du principal travail dont elle tire sa subsistance.

Il suffit ensuite de présenter cette ordonnance à la Société qui délivrera, sans frais, le permis restreint demandé. Cependant, la Société pourra, dans certains cas, demander une révision de la décision du tribunal ou même suspendre le permis restreint.

Le permis restreint relié à l'alcool au volant

Un second type de permis s'applique aux conducteurs dont le permis de conduire est révoqué pour conduite avec les capacités affaiblies par l'alcool. Dès que ces contrevenants cesseront d'être sous le coup d'une ordonnance judiciaire d'interdiction de conduire, ils pourront, s'ils le désirent, demander un permis restreint leur permettant de conduire un véhicule routier muni d'un dispositif, agréé par la Société, qui peut détecter la présence d'alcool dans l'organisme du conducteur et, si tel est le cas, empêcher la mise en marche du véhicule. Pour obtenir un tel permis restreint, les conducteurs devront respecter les conditions suivantes :

- n'avoir aucune autre sanction dans leur dossier;
- avoir un document attestant qu'ils se sont engagés à faire installer un dispositif détecteur d'alcool chez un fournisseur reconnu par la Société;
- respecter les conditions d'utilisation du dispositif détecteur d'alcool;
- assumer les frais relatifs à l'utilisation de ce dispositif.

La suspension pour amende non payée

La Société suspend également le permis pour le non-paiement d'amendes prévues pour certaines infractions au *Code de la sécurité routière* ou à un règlement municipal sur la circulation.

■ Les points d'inaptitude

La Société de l'assurance automobile du Québec inscrit des points d'inaptitude au dossier des conducteurs qui commettent certaines infractions au *Code de la sécurité routière*, à une loi ou à un règlement relatifs à la sécurité routière.

Pour les titulaires d'un permis d'apprenti conducteur ou d'un permis probatoire, la limite de points d'inaptitude est de 4 alors qu'elle est de 15 pour les titulaires d'un permis de conduire.

Le tableau suivant présente les infractions qui entraînent l'inscription de points d'inaptitude :

INFRACTIONS	NOMBRE DE POINTS
Vitesse supérieure à une limite prescrite ou indiquée sur une signalisation	
a) excès de 11 à 20 km/h	1
b) excès de 21 à 30 km/h	2
c) excès de 31 à 45 km/h	3
d) excès de 46 à 60 km/h	5
e) excès de 61 à 80 km/h	7
f) excès de 81 à 100 km/h	9
g) excès de 101 à 120 km/h	12
h) excès de 121 km/h ou plus	15 ou plus
Omission de porter la ceinture de sécurité	2
Omission de porter le casque protecteur (motocyclistes ou cyclomotoristes)	2
Dépassement prohibé par la droite	2
Dépassement prohibé par la gauche	2
Marche arrière prohibée	2
Omission de se conformer aux ordres ou signaux d'un agent de la paix, d'un brigadier scolaire ou d'un signaleur	2
Omission de se conformer à un feu rouge ou à un panneau d'arrêt	3
Omission de faire un arrêt obligatoire à un passage à niveau	3

Dépassement en franchissant une ligne qui l'interdit	4
Dépassement prohibé sur la voie réservée à la circulation en sens inverse	4
Vitesse ou action imprudente	4
Conduite pour un pari, un enjeu ou une course	6
Manquement à un devoir de conducteur impliqué dans un accident	9
Omission d'arrêter à l'approche d'un autobus scolaire dont les feux intermittents sont en marche OU croisement ou dépassement prohibé d'un tel véhicule	9
Omission par le conducteur d'un autobus, d'un minibus ou d'un véhicule routier agencé pour le transport de matières dangereuses d'arrêter à un passage à niveau OU remise en marche prohibée d'un tel véhicule	9
Conduite interdite d'un véhicule transportant des matières dangereuses dans un tunnel	9
Pour les titulaires d'un permis d'apprenti conducteur ou d'un permis probatoire :	
Conduite en présence d'alcool dans l'organisme	4
Omission de fournir un échantillon d'haleine	4

Dès que sept points d'inaptitude ou plus sont inscrits à son dossier, le titulaire d'un permis de conduire reçoit de la Société un avis l'en informant. Un nouvel avis lui est transmis à chaque ajout de points. Lorsque le nombre de points accumulés atteint 15 ou plus, son permis de conduire est révoqué ou le droit d'en obtenir un suspendu, qu'il ait ou non reçu les avis de la part de la Société.

Quant au titulaire d'un permis d'apprenti conducteur ou probatoire, il reçoit un avis de la Société l'informant de la suspension de son permis lorsque son dossier compte quatre points d'inaptitude ou plus.

Délais prescrits

Le conducteur dont le permis de conduire est révoqué ou dont le droit d'en obtenir un est suspendu en raison d'une accumulation de points d'inaptitude ne peut obtenir un nouveau permis qu'après le délai prescrit par le *Code de la sécurité routière*. Ce délai sera de trois, six ou douze mois selon qu'il s'agit de la première, de la deuxième ou de la troisième fois qu'il accumule 15 points au cours des deux dernières années.

On pourra obtenir de nouveau un permis de conduire en prenant un rendez-vous un peu avant la fin de la période de sanction afin de passer l'examen théorique, en acquitter les frais et la somme exigée pour le permis. Il est important de noter que le coût du nouveau permis sera majoré puisqu'il tient compte de la contribution d'assurance qui, elle, est établie selon le nombre de points d'inaptitude inscrits au dossier du conducteur.

Une particularité distingue les titulaires de permis d'apprenti conducteur ou probatoire. En ce qui les concerne, une suspension de trois mois sera imposée dans tous les cas dès qu'ils auront cumulé quatre points ou plus. Après cette période, la Société leur expédie un avis pour qu'ils se présentent dans l'un de ses centres de service. Ils recouvreront alors leur permis et leur droit de conduire comme auparavant.

Les points d'inaptitude et le dossier de conduite

Les points d'inaptitude restent inscrits au dossier pendant les deux années qui suivent la date de la déclaration de culpabilité ou du paiement de l'amende (le fait de payer l'amende équivaut à une déclaration de culpabilité).

Chaque fois que la Société sanctionne le permis d'un conducteur en raison de l'accumulation de points d'inaptitude, elle soustrait les 4 ou les 15 points du dossier, selon le cas. Cependant, les points excédant ces nombres continuent d'y apparaître pendant les deux ans qui suivent la date de la condamnation ou du paiement de l'amende.

Aucun point d'inaptitude n'est effacé à l'occasion du renouvellement d'un permis d'apprenti conducteur, probatoire ou de conduire, tout comme lors de la délivrance d'un premier permis ou de l'obtention d'un nouveau permis après une révocation.

■ L'interdiction de conduire pendant une période de sanction

Il est interdit à quiconque de conduire un véhicule routier si son permis fait l'objet d'une révocation ou d'une suspension. Une telle infraction rend en outre passible d'une amende.

De plus, les mesures suivantes s'appliquent :

• le véhicule peut être saisi, remorqué et remisé à la fourrière sur-le-champ pour une période de 30 jours, que le conducteur en soit propriétaire ou non ;

• le propriétaire doit acquitter, dans tous les cas, la totalité des frais de remorquage et de garde pour récupérer son véhicule. Si le contrevenant est une autre personne que le propriétaire, ce dernier devra prendre lui-même, s'il y a lieu, les moyens appropriés pour se faire rembourser les frais par le contrevenant ;

• le contrevenant devra payer généralement une amende de 300 $ à 600 $. Dans le cas de conduite pendant une sanction reliée à la conduite avec les capacités affaiblies, l'amende varie de 1 500 $ à 3 000 $;

• le propriétaire qui laisse conduire une personne dont le permis est suspendu ou révoqué est à son tour passible d'une amende de 300 $ à 600 $. Dans le cas d'une personne dont le permis a été révoqué pour conduite avec les capacités affaiblies, l'amende imposée au propriétaire du véhicule varie de 1 500 $ à 3 000 $.

Il est à remarquer que, lors d'un prêt ou d'une location de véhicule, le propriétaire peut communiquer avec la Société pour s'assurer de la validité du permis du conducteur afin d'éviter la saisie éventuelle de son véhicule. Pour ce faire, le propriétaire du véhicule doit composer le numéro **1 900 565-1212**. Des frais de 1,50 $ par appel sont exigés pour ce service téléphonique automatisé.

■ Les personnes nouvellement établies au Québec

Toute personne qui vient de s'établir au Québec pour y résider peut, dans les 90 jours de son établissement, conduire un véhicule de promenade en autant que son permis de conduire soit valide et qu'il possède la classe équivalente. Par contre, après ce délai, elle devra posséder le permis probatoire ou le permis de conduire du Québec.

Afin d'obtenir un permis québécois, le titulaire d'un permis étranger doit réussir des examens de compétence. Cependant, aucun examen de compétence n'est exigé pour le titulaire d'un permis de conduire de classe 5 (véhicule de promenade) valide, ou expiré depuis moins de trois ans, qui provient de certaines autorités administratives, comme les provinces et territoires canadiens, les États-Unis, la France, le Japon et certains pays membres de l'O.C.D.E.

Le nouveau résident qui échange son permis de conduire d'origine obtient un permis probatoire du Québec, s'il est âgé de moins de 25 ans et possède son permis de conduire depuis moins de 24 moins. S'il est âgé de plus de 25 ans, il obtient un permis de conduire du Québec.

Pour obtenir des précisions concernant les modalités d'échange de permis de conduire, on peut communiquer avec les centres de service ou les services de l'information à la clientèle de la Société.

■ Les personnes en provenance de l'extérieur du Québec

Pour conduire au Québec, les touristes, étudiants, coopérants ou stagiaires, doivent savoir que :

- toute personne possédant un permis de conduire valide, délivré dans son pays ou dans une autre province du Canada, peut conduire un véhicule automobile au Québec pendant une période d'au plus six mois consécutifs ;

- tout étudiant, coopérant ou stagiaire inscrit dans un établissement d'enseignement du Québec, ou qui participe à un programme gouvernemental d'échange culturel est dispensé de la nécessité d'obtenir un permis du Québec pour la conduite d'un véhicule de promenade pendant la durée de ses études ou de son stage ;

- tout titulaire d'un permis de conduire international valide dans son pays peut conduire, pendant la période de validité de ce permis, les véhicules routiers autorisés par son permis de conduire ;

- certaines personnes, par exemple les membres de corps diplomatiques ou consulaires, sont dispensés de subir l'examen pour l'obtention d'un permis de conduire en produisant le permis de conduire valide délivré à leur nom dans leur pays ; si elles n'ont aucun permis ou ont un permis qui ne correspond pas à la classe demandée, ces personnes devront alors réussir l'examen approprié de la Société.

■ Le droit de contester

Le *Code de la sécurité routière* donne au citoyen la possibilité de contester devant le tribunal certaines décisions de la Société.

Ainsi, le citoyen peut recourir au tribunal lorsque la Société a refusé de délivrer ou de renouveler ou encore a suspendu son permis d'apprenti conducteur, probatoire ou de conduire, pour des raisons de santé ou en l'absence du rapport d'examen ou d'évaluation de la santé exigé.

De même, le propriétaire d'un véhicule peut recourir à la Cour du Québec ou s'adresser directement à la Société pour demander la levée de la saisie de son véhicule.

La Société peut en tout temps réviser toute décision qu'elle a rendue, seulement si elle ne fait pas l'objet d'un appel auprès d'un tribunal.

■ LA TÂCHE DE CONDUIRE ET LES INFLUENCES SUR LA CONDUITE

La conduite d'un véhicule ne se résume pas à une utilisation machinale des commandes. L'état de santé, les connaissances et les habiletés d'une personne, ainsi que le respect des règles de la circulation sont déterminants pour obtenir et conserver un permis.

À première vue, la tâche du conducteur paraît plutôt simple. Pourtant, il ne suffit pas de savoir démarrer, mettre en marche, diriger et arrêter le véhicule pour dire que l'on sait conduire. Dans chaque cas, cela implique qu'il faut connaître les techniques de conduite et les règles de la circulation. Il faut aussi savoir prendre des décisions en tenant compte des autres usagers, des conditions de la circulation et de la route.

Le bilan routier révèle d'ailleurs, qu'en plus des infractions, le nombre annuel des victimes demeure suffisamment élevé pour démontrer que la tâche de conduire comporte des difficultés.

La conduite d'un véhicule fait appel aux connaissances que nous possédons et à l'information que nous recueillons en circulant. Elle suppose qu'il faut savoir percevoir ce qui nous entoure, prévoir ce que nous allons faire et ce que l'autre peut faire pour être en mesure de décider. Cette décision reflète donc l'évaluation que nous faisons d'une situation. Par exemple, à l'approche d'une intersection, il ne suffit pas de reconnaître le panneau indiquant l'obligation d'effectuer un arrêt. Il faut aussi évaluer la distance à parcourir avant l'arrêt, tenir compte de la vitesse du véhicule, de l'état de la chaussée et de la présence d'autres usagers pour décider du rythme du ralentissement et du lieu de l'arrêt.

Le conducteur, nouveau ou expérimenté, remarquera que sa conduite est, la plupart du temps, soumise à des influences liées à sa santé, à sa personnalité et à son environnement. Ses décisions sont influencées par ses traits de caractère dominants, ses sentiments, son état général.

En raison de la complexité de la tâche de conduire, il faut se rappeler que la condition physique et psychologique est si importante que l'aptitude à utiliser le réseau routier en est directement reliés.

■ La vision

La vision joue un rôle fondamental dans la conduite sécuritaire d'une automobile. Des études ont démontré que 90 % de l'information indispensable à la conduite passe par l'œil. Toute atteinte significative des fonctions visuelles diminue le rendement d'une personne sur la route, principalement au moment de la prise de décision, d'où le risque d'accidents et les conséquences fâcheuses qui en découlent.

Les fonctions visuelles

La vue comporte plusieurs fonctions qui contribuent à donner au conducteur une représentation ou une image correcte de son environnement. L'absence ou la faiblesse grave d'une de ces fonctions, surtout à l'insu du conducteur, peut rendre ce dernier inapte à conduire.

L'acuité visuelle

L'acuité visuelle est la capacité de distinguer nettement les détails des objets vus d'une certaine distance. Cette précision peut varier beaucoup d'un individu à l'autre. Certaines personnes dont l'acuité visuelle est inférieure à la moyenne ne se rendent pas compte que beaucoup de détails leur échappent; elles croient voir aussi bien que les autres. Ce phénomène est particulièrement associé au vieillissement et à l'état de santé. Seuls des examens périodiques permettront de déceler une détérioration progressive de l'acuité visuelle.

Le champ visuel

Le champ visuel est cette partie de l'espace dans lequel on perçoit des objets en même temps que les yeux fixent un point. Le champ visuel doit être assez étendu pour que l'automobiliste perçoive d'un seul coup d'oeil tous les obstacles qui peuvent surgir en avant ou de chaque côté du véhicule.

À mesure que le véhicule accélère, le champ visuel se rétrécit. Il en est de même lorsque l'oeil se concentre sur un objet. Les maladies de l'oeil, les drogues, l'alcool et la fatigue produisent souvent le même effet. Des branches de lunettes trop larges peuvent aussi affecter l'étendue du champ visuel, ce dernier ayant autant d'importance qu'une bonne acuité visuelle. En effet, l'insuffisance du champ visuel augmente les risques d'accidents.

La vision stéréoscopique

La vision stéréoscopique, ou vision de profondeur, permet de situer exactement les objets dans l'espace tridimensionnel.

Le conducteur peut ainsi évaluer les distances séparant son véhicule des autres objets qui l'entourent, même si ces objets sont en mouvement.

Il est dangereux de conduire sans porter des verres correcteurs (lunettes ou verres de contact) si ces derniers sont requis. Sur le permis de conduire, cette condition se traduit par la lettre A. S'y soustraire constitue une infraction et peut entraîner le paiement d'une amende.

La vision nocturne

Quelle que soit l'acuité visuelle d'un automobiliste, la conduite de nuit comporte plus de risques que la conduite de jour. Étant donné la portée limitée de l'éclairage des phares, le conducteur devra adapter sa conduite en réduisant sa vitesse.

Compte tenu du fait que les panneaux de signalisation sont revêtus d'une matière réfléchissant la lumière, ils sont perçus même à grande distance lorsqu'ils sont éclairés par les phares.

Ce n'est pas le cas d'autres objets non réfléchissants qui ne sont perçus que sur une plus courte distance. Il importe donc de ne pas se méprendre sur la portée des phares en se basant sur la visibilité des objets qui réfléchissent la lumière.

Deux facteurs importent dans la vision nocturne. Ce sont:

• la capacité de voir sous un faible éclairage;

• la résistance à l'éblouissement.

Avec l'âge, la faculté de récupérer après un éblouissement diminue progressivement. Lorsque conduire la nuit s'avère particulièrement ardu, une plus grande prudence s'impose.

Enfin, il est fortement déconseillé de porter des verres teintés pour la conduite nocturne, car ils réduisent l'acuité visuelle.

■ Les indispositions physiques

Certaines maladies physiques peuvent être la cause immédiate d'un accident de la route. Aussi, les professionnels de la santé peuvent signaler à la Société les nom et adresse de tout patient de 14 ans ou plus jugé inapte, sur le plan médical ou visuel, à conduire un véhicule routier. Aucun recours en dommages ne peut être intenté contre un professionnel de la santé qui fait un tel rapport.

En raison de l'état de santé d'une personne, la Société peut suspendre son permis, en modifier les conditions ou même refuser de lui en délivrer un. Elle peut aussi exiger qu'elle se soumette à un nouvel examen ou à une évaluation devant un professionnel de la santé. Il est aussi entendu que tout conducteur responsable devrait se conformer aux recommandations de son médecin.

Par ailleurs, certains malaises sont passagers. Ainsi des indispositions physiques comme la migraine, la fièvre, etc., rendent la conduite plus difficile et exigeante. On devrait éviter de conduire dans ces circonstances. Le conducteur qui ressent un malaise en cours de route doit immobiliser son véhicule dans un endroit sûr.

■ La fatigue

La fatigue ressentie au volant ne doit pas être prise à la légère, car elle peut diminuer le rendement, même celui du conducteur prudent, et avoir des conséquences parfois désastreuses.

La fatigue provoque souvent la somnolence, laquelle peut cependant avoir plusieurs autres causes. Elle peut par exemple résulter d'un repas copieux. Mais le plus souvent, elle est due au manque de sommeil, à la monotonie du parcours, au manque d'entraînement à la conduite de nuit ou à la température élevée à l'intérieur du véhicule.

La somnolence affecte la vision, particulièrement la nuit. Toutefois, les premiers signes d'assoupissement sont suffisamment clairs pour alerter l'automobiliste.

Puisque la fatigue ralentit la coordination des mouvements en général, l'automobiliste qui la ressent, qui bâille, qui éprouve des picotements dans les yeux ou qui a de brèves hallucinations devrait savoir s'arrêter. Les exercices d'assouplissement constituent un bon moyen d'alléger la fatigue lors de longs trajets. Parfois, un repos de quelques minutes suffit pour retrouver sa forme, le sommeil étant le seul moyen de refaire ses forces, quand la somnolence se manifeste.

Si, pour conduire, la condition physique est importante, la condition mentale ou psychologique ne l'est pas moins. Il faut en effet s'abstenir de conduire lorsqu'on est indisposé sur le plan psychologique par de fortes émotions comme le chagrin ou la colère.

■ L'alcool

L'alcool au volant constitue une des grandes préoccupations sociales. Et pour cause ! Au Québec, depuis 35 ans, les accidents de la route ont fait près de 50 000 morts et plus d'un million de blessés, et l'alcool est mis en cause dans près de 50 % des décès.

La consommation d'alcool entraîne le conducteur à prendre des risques. Il est aujourd'hui reconnu que l'alcool diminue la capacité de conduire. On sait aussi que plus une personne en consomme, moins elle est en mesure de prendre des décisions éclairées et favorables à la sécurité.

Enfin, conduire quand ses capacités sont affaiblies par l'alcool risque fort de provoquer un accident grave, entraînant en outre des sanctions de plus en plus sévères et lourdes de conséquences.

PRINCIPAUX EFFETS DE LA CONSOMMATION D'ALCOOL SUR LA CONDUITE AUTOMOBILE

Effets sur l'observation

- Plutôt que d'observer la route à l'avant, sur les côtés et à l'arrière, le conducteur est porté à fixer un point ou un objet: il est moins vigilant et attentif à l'endroit des personnes, des véhicules et d'autres objets sur la route ou aux abords de la route.
- Le conducteur évalue moins bien la distance entre deux objets.
- Le conducteur s'adapte moins bien à l'obscurité.
- La vision diminue toujours après la rencontre d'un véhicule circulant en sens inverse, mais la nuit, le temps de récupération augmente encore sous l'effet de l'alcool.
- Le conducteur reconnaît moins bien les indices de danger. Il prend plus de risques et il commet plus d'imprudences.

Effets sur la prise de décision

- L'activité du cerveau est ralentie.
- Le conducteur reconnaît moins bien les situations difficiles.
- Il devient difficile de décider rapidement.

Effets sur l'exécution des manoeuvres

- L'alcool crée un état d'excitation qui mène à une surestimation de soi et de ses capacités de conduire en de telles circonstances.
- Le ralentissement des activités du cerveau s'accompagne d'une perte de coordination. Faits tardivement, les gestes sont souvent brusques et imprécis. Il devient difficile de maintenir le véhicule dans la bonne voie, de l'immobiliser, de franchir une intersection, de changer de voie, d'effectuer un virage et même de conserver la maîtrise du véhicule. Les motocyclistes peuvent aussi perdre l'équilibre.

Connaître ses limites

L'absorption d'un seul verre produit parfois les effets mentionnés précédemment. Ils peuvent en effet se manifester même si le taux d'alcool dans le sang est moindre que 80 mg %, car déjà à 50 mg % chez l'adulte moyen les capacités sont affectées de façon significative. De plus, il convient de souligner que les jeunes conducteurs sont davantage affectés par l'alcool et ce, même par de faibles quantités. Par exemple, avec une alcoolémie de 30 mg %, le risque d'être impliqué dans un accident mortel est trois fois plus élevé pour un conducteur dont l'âge se situe entre 16 et 19 ans.

Ces effets risquent aussi de se produire rapidement si la personne est à jeun ou fatiguée. Plus on consomme, plus on s'expose à l'affaiblissement des capacités. On ne doit pas conduire après avoir consommé des boissons alcoolisées.

Les occasions de consommer de l'alcool sont nombreuses. Il importe donc, pour limiter ses effets, de s'habituer à consommer modérément et à inciter de même les parents et les amis qu'on reçoit à faire preuve de prudence dès le début de la soirée.

Voici une série de mesures recommandées dans l'un ou l'autre cas avec, toutefois, certaines réserves:

• consommer peu et lentement ;

• manger ;

• proposer des boissons non alcoolisées (et, pourquoi pas, de l'eau) ;

• espacer les consommations ;

• arrêter de servir des boissons alcoolisées au moins une heure avant la fin de la réception ;

• prendre des mesures pour ne pas conduire quand ses capacités sont affaiblies, par exemple se faire conduire par une autre personne, utiliser le taxi ou l'autobus ;

• garder à coucher un invité mal en point.

Certains croient à tort que consommer régulièrement de l'alcool est une garantie contre l'affaiblissement des capacités. Or, il est reconnu que l'organisme d'une personne habituée à boire s'adapte, mais que la sobriété n'est qu'apparente et que la personne surestime ses capacités de conduire.

Certains des moyens proposés afin de diminuer les effets de l'alcool sont rarement efficaces. On peut croire par exemple que le fait de manger tout en consommant de l'alcool en favorise l'élimination. À cause de la nourriture, l'alcool parviendra en effet moins rapidement dans le sang, sans empêcher toutefois la personne d'atteindre un taux d'alcool élevé.

Rappelons que l'alcool consommé par une personne est éliminé par le foie dans une proportion de 90 %. Le foie d'une personne en bonne santé travaille à un rythme régulier : peu importe la quantité d'alcool consommée, il n'en élimine qu'un certain nombre de milligrammes par heure. Ainsi, si le taux d'alcool d'une personne atteint 80 mg %, il faut plus de 5 heures pour que le foie élimine l'alcool consommé.

Faire une marche ou prendre une douche ne sont pas des moyens non plus d'accélérer l'élimination de l'alcool. Il n'y a donc aucun moyen miracle d'accélérer l'élimination de l'alcool et ses effets. Seul le temps y parvient.

■ Les médicaments et les drogues

On reconnaît aujourd'hui que même des médicaments utilisés pour soulager des problèmes de santé mineurs peuvent avoir des effets néfastes. La consommation de médicaments peut

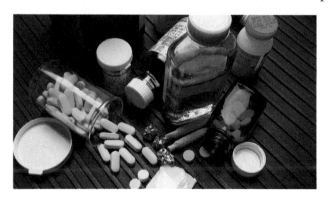

entraîner une dépendance physique et psychologique et ainsi diminuer la capacité de conduire.

Des précautions à prendre

Le conducteur qui doit prendre des médicaments doit faire preuve de bon sens et juger si leur absorption est compatible avec la conduite du véhicule.

Consommés seuls, certains médicaments ont des effets semblables à ceux de l'alcool. Ce sont surtout ceux qu'on recommande pour le soulagement de l'anxiété et pour provoquer le sommeil.

Les antihistaminiques (sirop ou pilules) contre le rhume ou les allergies peuvent provoquer également de la somnolence. Il faut lire les étiquettes sur les contenants et consulter son médecin ou son pharmacien pour connaître les effets secondaires d'un médicament et ses conséquences sur la capacité de conduire.

Le conducteur qui fait usage d'un médicament ne doit pas prendre d'alcool. Cette combinaison est néfaste parce que les effets secondaires du médicament et ceux de l'alcool sont parfois grandement amplifiés. Ainsi, certains médicaments sont des substances dont les effets s'additionnent à ceux de l'alcool, détériorant davantage les capacités de la personne. Le conducteur peut ainsi se retrouver dans l'impossibilité de conduire.

■ Une question d'attitude

Même si elle est nécessaire, une bonne condition physique ne suffit pas à faire un bon conducteur, qui doit aussi être en bonne forme psychologique. La conduite automobile devient en effet parfois un moyen de mettre en évidence certains traits de personnalité. Souvent perçue comme une affirmation de l'autonomie, elle fournit aussi des occasions d'exprimer des émotions.

Chez certains, l'utilisation de l'automobile est l'expression éloquente de leur respect de soi et des autres. On peut présumer que même en situation de conduite difficile, leurs décisions s'appuient sur la tolérance, la patience et la prévoyance. Conscients du risque que comporte la conduite, ils se servent de leur expérience pour améliorer leurs habitudes au volant.

Pourtant, certaines occasions sont propices aux conflits entre conducteurs, par exemple les heures de pointe en milieu urbain ou aux sorties d'autoroute. Dans un embouteillage ou un ralentissement de la circulation, les réactions sont très diverses. Pour éviter de rendre ces circonstances dramatiques, il faut adapter son comportement et prévoir la possibilité de danger. Qu'on ait ou non une idée précise de la cause du problème de la circulation, il est parfois préférable de ralentir et de s'arrêter si cela s'avère nécessaire. Il ne s'agit pas d'être passif mais de demeurer alerte.

D'autres moyens permettent d'échapper à ces situations conflictuelles. Par exemple, un conducteur peut choisir son trajet et le moment de ses déplacements en tenant compte de l'achalandage des rues ou des routes à emprunter. Cette façon de faire s'avère pertinente puisqu'elle contribue à éviter des conflits et même des accidents. Elle donne de meilleurs résultats que le fait d'emprunter l'accotement ou de partir et d'arrêter brusquement pour tenter de faire avancer ceux qui précèdent.

■ L'observation

En plusieurs occasions, l'observation et la vérification jouent un rôle déterminant dans la conduite d'un véhicule routier. Qu'il s'agisse de dépasser, de changer de voie, de franchir une intersection ou de s'engager dans une voie de circulation, il y a lieu de s'assurer que la manoeuvre peut être effectuée en sécurité. En regardant en avant, sur les côtés et à l'arrière, le conducteur obtient l'information lui permettant de décider à quel moment il doit diriger son véhicule dans la direction voulue. Il est alors en mesure, au besoin, de céder le passage aux autres usagers et d'adapter la vitesse du véhicule aux conditions de la circulation. Autrement, il est en conflit avec d'autres usagers et risque davantage d'être impliqué dans un accident ou une autre situation désagréable.

Qu'on pense à ce qui survient quand un conducteur s'engage dans une intersection sans effectuer l'arrêt et les vérifications nécessaires ou dépasse sans avoir vérifié s'il vient des véhicules en sens inverse. Il en résulte souvent des accidents graves et des victimes qui ont eu le tort d'être au mauvais endroit au mauvais moment. La négligence augmente le risque d'accident.

■ La vigilance et le discernement

La vigilance revêt une importance particulière la nuit et les jours de fin de semaine, au cours desquels surviennent le plus grand nombre d'accidents. Toute situation peut devenir distrayante pour le conducteur. On ne sait pas ce qui se passe dans le véhicule qui nous suit, dans celui qui nous précède, nous dépasse ou vient en sens inverse. Il convient donc de rester alerte.

En outre, il importe de faire preuve de discernement en toutes circonstances. Il faut toujours avoir recours à la prudence car les possibilités d'erreurs et d'accidents sur la route sont nombreuses.

Tout conducteur fait face à des situations qu'il ne peut maîtriser ou éliminer totalement. Il arrive par exemple qu'un feu de circulation soit défectueux, que le conducteur qui précède semble perdu ou circule un peu trop lentement ou encore qu'une autre cause ait pour effet d'allonger ou de modifier le trajet envisagé.

C'est alors que le conducteur doit faire preuve de discernement. Certes, il n'est pas toujours plaisant de céder, de se faire intimider par d'autres conducteurs ou d'apparaître incapable de prendre un risque. Une hâte mal maîtrisée peut entraîner un drame, alors que l'acceptation d'un retard ou d'un inconvénient peut, au contraire, permettre au conducteur de s'affirmer en collaborant avec les autres usagers du réseau routier.

CHAPITRE

· · · · · · **2** · · · · · ·

LES RÈGLES
DE LA
CIRCULATION

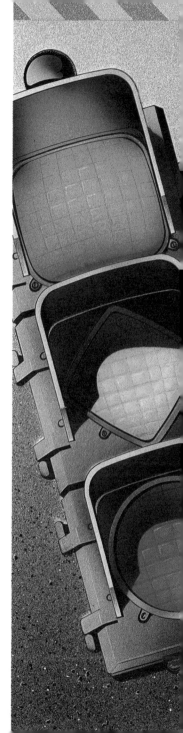

Le *Code de la sécurité routière* établit les règles de la circulation sur la voie publique pour tous les usagers de la route, notamment pour les conducteurs de véhicules routiers. Les piétons, tout comme les conducteurs de motocyclette, de cyclomoteur et de bicyclette ont aussi des droits et des obligations lorsqu'ils utilisent un chemin public. Il est important de connaître ces règles et de s'y conformer pour être en sécurité.

■LA CEINTURE DE SÉCURITÉ

La ceinture de sécurité n'est pas qu'un accessoire. C'est, comme son nom l'indique, une mesure de sécurité qui peut sauver des vies et son port est obligatoire.

Ainsi, tous les occupants de cinq ans et plus prenant place sur le siège avant ou sur la banquette arrière d'un véhicule en mouvement doivent porter correctement la ceinture de sécurité dont est équipé le siège qu'ils occupent. Il est même interdit de conduire un véhicule routier si :

• la ceinture de sécurité pour le conducteur ou le passager est manquante, modifiée ou hors d'usage;

• un passager de moins de 16 ans ne porte pas correctement la ceinture de sécurité.

Un enfant de moins de cinq ans doit être retenu par un dispositif de sécurité à moins qu'il ne porte correctement la ceinture de sécurité dont est équipé le siège qu'il occupe, dans tout véhicule autre qu'un taxi.

Par ailleurs, la Société de l'assurance automobile du Québec peut, lorsque des raisons médicales exceptionnelles le justifient, délivrer un certificat dispensant une personne du port de la ceinture de sécurité.

Cependant, les conducteurs de taxi qui, dans l'exercice de leurs fonctions, circulent sur un chemin public dont la limite de vitesse est établie par une municipalité ou circulent sur un chemin public non numéroté, sont exempts du port de la ceinture.

L'exigence du port de la ceinture ne s'applique pas au conducteur au cours d'une manœuvre de marche arrière.

■LES RÈGLES DE CONDUITE
• • • • • • • • • • • • • • •

Que ce soit pour un virage, un changement de voie, un dépassement ou autre situation de conduite, le conducteur doit appliquer des règles spécifiques dans chacun des cas.

■ Les lignes de démarcation des voies

Parmi les lignes qui séparent les voies de circulation, certaines peuvent être franchies, d'autres non.

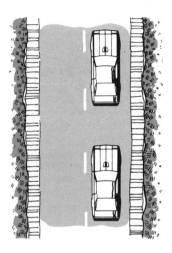

Le conducteur peut franchir la ligne pointillée après s'être assuré qu'il peut le faire sans danger.

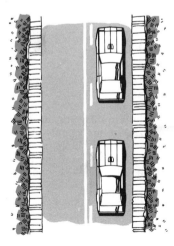

La ligne pointillée accolée à une ligne continue permet le dépassement si au début de la manœuvre la ligne pointillée se trouve du côté du véhicule.

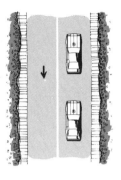

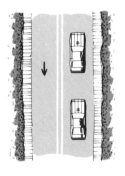

La ligne simple continue de même que la ligne double continue ne peuvent être franchies.

Cependant, le conducteur peut franchir ces lignes lorsqu'il doit quitter la voie où il circule, parce qu'elle est obstruée ou fermée, ou effectuer un virage à gauche pour s'engager sur un autre chemin ou dans une entrée privée. Il peut aussi les franchir pour dépasser une machinerie agricole, un tracteur de ferme, un véhicule à traction animale, une bicyclette ou un véhicule routier muni d'un panneau avertisseur de circulation lente.

■ L'utilisation des voies

La chaussée à circulation dans les deux sens

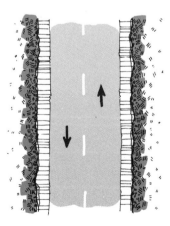

Lorsqu'il circule sur une chaussée semblable à celle de l'illustration, le conducteur d'un véhicule routier doit utiliser la voie de droite. Il peut emprunter la voie de gauche pour dépasser un véhicule ou éviter un obstacle. Dans chaque cas, il doit s'assurer que la voie de gauche est libre avant de s'y engager.

La chaussée à deux voies ou plus de circulation dans les deux sens

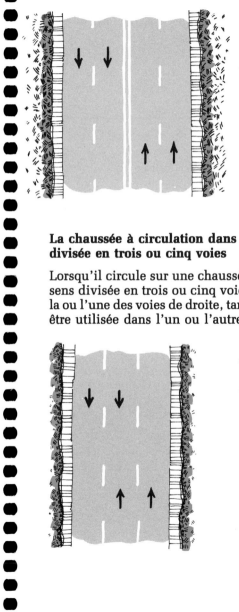

Le conducteur d'un véhicule routier doit utiliser la voie d'extrême droite lorsqu'il circule sur une chaussée semblable à celle de l'illustration.

Le conducteur peut, pour dépasser, pour virer à gauche ou pour éviter un obstacle, emprunter une autre voie, dans le même sens où il circule.

La chaussée à circulation dans les deux sens divisée en trois ou cinq voies

Lorsqu'il circule sur une chaussée à circulation dans les deux sens divisée en trois ou cinq voies, le conducteur doit utiliser la ou l'une des voies de droite, tandis que la voie du centre peut être utilisée dans l'un ou l'autre sens, selon le cas.

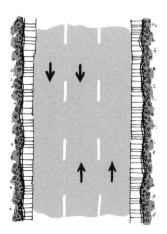

Sur la chaussée à trois voies, la voie du centre peut être utilisée pour dépasser un véhicule ou pour effectuer un virage à gauche.

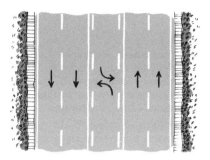

Sur la chaussée à cinq voies de circulation, la voie du centre peut être utilisée seulement pour effectuer un virage à gauche.

La chaussée dont une voie ou plus est fermée

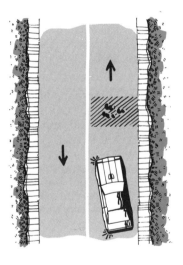

Dans le cas où une ou des voies dans le sens où circule le véhicule sont fermées ou obstruées, le conducteur peut emprunter la voie libre la plus proche en sens inverse, mais doit d'abord céder le passage à tout véhicule qui y circule.

La chaussée à deux ou trois voies de circulation à sens unique

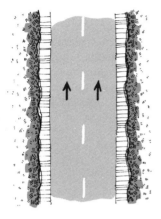
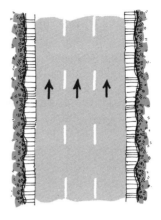

Lorsqu'il circule sur une chaussée à deux voies de circulation, le conducteur doit utiliser **celle d'extrême droite.**

En général, lorsqu'il circule sur une chaussée à trois voies, le conducteur doit utiliser **l'une des voies de droite.**

- Sur une autoroute, le conducteur peut utiliser la **voie d'extrême gauche** pour dépasser, tourner à gauche, éviter un obstacle ou se diriger vers une voie de sortie.

- Un ralentissement sur la **voie de gauche** est permis si le conducteur signale son intention de tourner à gauche ou d'arrêter sur le côté gauche de la voie.

- Cependant, lorsque la vitesse maximale permise est inférieure à 80 km/h, le conducteur **peut utiliser l'une ou l'autre des voies.** Dans la voie choisie, le fait qu'il roule plus vite qu'un autre conducteur qui est dans une autre voie n'est pas considéré comme un dépassement.

La chaussée séparée par un terre-plein ou un autre aménagement

En aucun cas, le conducteur ne doit franchir un terre-plein ou un autre aménagement au centre de la chaussée, à moins qu'il n'y soit autorisé par une signalisation appropriée.

Les voies d'entrée et de sortie d'une autoroute

Pour entrer ou sortir d'une autoroute, le conducteur doit utiliser les voies d'accès ou de sortie déterminées à ces fins.

■ Limites de vitesse et distance entre les véhicules

Toute vitesse ou toute action susceptibles de mettre en péril la vie ou la sécurité des personnes ou d'endommager la propriété sont prohibées. Ces obligations s'appliquent sur les chemins publics et sur les chemins privés ouverts à la circulation publique des véhicules routiers ainsi que sur les terrains de centres commerciaux et autres terrains où le public est autorisé à circuler.

En outre, le conducteur d'un véhicule routier doit respecter les limites de vitesse suivantes:

- Sur les autoroutes:
  - minimum de 60 km/h;
  - maximum de 100 km/h.
- Sur un chemin dont le pavage est de béton ou d'asphalte:
  - maximum de 90 km/h.
- Sur un chemin de gravier:
  - maximum de 70 km/h.
- Dans une zone scolaire, au moment de l'entrée ou de la sortie d'élèves:
  - maximum de 50 km/h.
- Dans une cité, une ville ou un village sauf si une signalisation contraire apparaît:
  - maximum de 50 km/h.

Lorsqu'il doit circuler dans l'obscurité, le brouillard, la pluie, la neige ou dans tout autre situation semblable, ou encore s'il roule sur une chaussée glissante ou non entièrement dégagée, le conducteur doit réduire la vitesse de son véhicule.

Par ailleurs, il est interdit de conduire un véhicule routier à une vitesse susceptible d'entraver la circulation normale.

La distance entre les véhicules

Lorsqu'il circule derrière un autre véhicule, le conducteur doit conserver une distance prudente et raisonnable. Il détermine cette distance en tenant compte de la vitesse, de la densité de la circulation, des conditions atmosphériques et de l'état de la chaussée.

De même, les conducteurs qui circulent en convoi sur un chemin public où la vitesse maximale permise est de 70 km/h ou plus doivent laisser un espace entre leurs véhicules. Ils doivent aussi permettre à d'autres conducteurs de les dépasser.

■ Le dépassement

Le dépassement peut s'avérer nécessaire dans plusieurs situations. Pour effectuer cette manœuvre, le conducteur doit toutefois respecter certaines règles.

Avant de dépasser un autre véhicule, le conducteur doit :

* s'assurer que le dépassement est autorisé;
* s'assurer qu'aucun véhicule venant de l'arrière ne va s'engager ni ne circule déjà dans la voie de gauche;
* s'assurer que la voie dans laquelle il désire s'engager est libre sur une distance suffisante;
* signaler son intention au moyen des feux de changement de direction.

S'il circule dans la brume, le brouillard ou si la visibilité est insuffisante, le conducteur évite de dépasser.

Lorsqu'il dépasse un autre véhicule, le conducteur doit emprunter la voie de gauche. Il ne doit jamais quitter la chaussée (par exemple, rouler sur l'accotement) pour effectuer ce dépassement. Une fois le véhicule dépassé, il doit revenir sur la voie de droite.

Dépasser une bicyclette

Le conducteur qui veut dépasser une bicyclette peut le faire dans la voie où il circule s'il dispose d'un espace suffisant pour dépasser sans danger. Il peut aussi emprunter la voie de gauche.

Être dépassé

Lorsqu'il est dépassé par un autre véhicule ou sur le point de l'être, le conducteur ne doit pas accélérer. Il peut même au besoin ralentir pour faciliter le dépassement.

Dépassements interdits

Lorsque, pour dépasser, le conducteur doit emprunter une voie réservée à la **circulation en sens inverse**, il évitera de le faire:

- à l'approche et au sommet d'une côte;
- dans une courbe;
- à l'approche et à l'intérieur d'un passage pour piétons dûment identifié, d'un passage à niveau ou d'un tunnel;
- à tout autre endroit où une signalisation ou des lignes sur la chaussée indiquent que le dépassement est interdit.

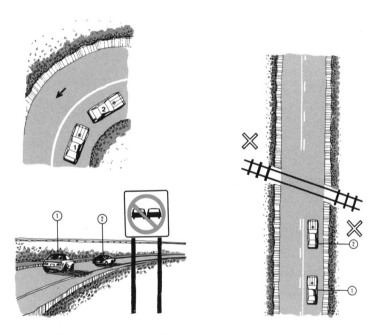

Dans chaque situation, il est interdit au conducteur du véhicule 1 de dépasser le véhicule 2.

Il est aussi interdit de dépasser lorsque des véhicules circulent déjà dans la voie de gauche. Ainsi, dans des situations semblables à celles des illustrations de la page suivante, il est interdit au conducteur du véhicule 1 de dépasser.

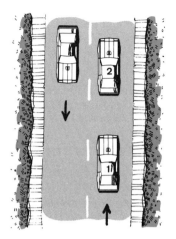 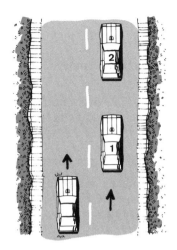

Lorsque le conducteur circule sur une **chaussée à deux voies ou plus de circulation** à sens unique, il doit éviter:

- d'effectuer en zigzag plusieurs dépassements successifs;
- de dépasser par la droite, sauf:
  - pour dépasser un véhicule qui effectue un virage à gauche ou qui se dirige vers une sortie d'autoroute;
  - pour dépasser un véhicule qui effectue l'entretien dans la voie de gauche.

■ Les virages

Avant d'effectuer un virage à une intersection, le conducteur doit:

- s'assurer que la manœuvre peut être effectuée sans danger;
- signaler son intention au moyen des feux de changement de direction;
- céder le passage aux piétons et aux cyclistes qui traversent la chaussée qu'il veut emprunter;
- céder le passage, selon le cas, au véhicule qui circule sur une chaussée transversale ou en sens inverse, à celui qui approche ou à celui qui est déjà engagé dans l'intersection.

Le conducteur effectue ensuite le virage dès que la voie est libre.

Si, au moment de se préparer à faire un virage, il devient impossible au conducteur de se placer dans la voie prévue à cette fin, il lui faut continuer et effectuer son virage à une autre intersection.

Les règles à suivre pour effectuer les virages à droite et à gauche les plus fréquents sont présentées dans les illustrations suivantes.

Virage à droite

Qu'il soit sur une chaussée à une ou à plusieurs voies de circulation dans les deux sens ou à sens unique, le conducteur qui veut faire un virage à droite doit suivre les étapes suivantes :

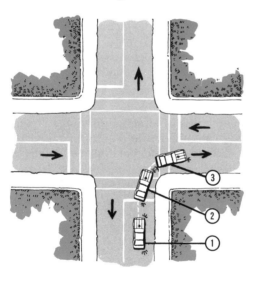

1
se ranger à l'extrême droite de la chaussée ;

2
avancer en ligne droite jusqu'à la rencontre des deux chaussées ;

3
tourner court et s'engager dans la voie d'extrême droite de l'autre chaussée.

Virages à gauche

À l'intersection de chaussées à circulation dans les deux sens, le conducteur doit :

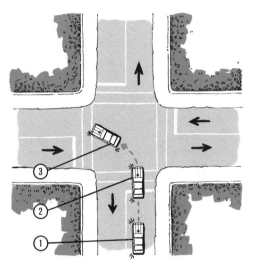

1
s'approcher du centre de la chaussée sur laquelle il circule ;

2
avancer en ligne droite jusqu'à la rencontre des deux chaussées ;

3
dès que la voie est libre, emprunter la voie la plus près, qui permet le déplacement dans le sens désiré.

D'une chaussée à circulation dans les deux sens vers une chaussée à sens unique, le conducteur doit :

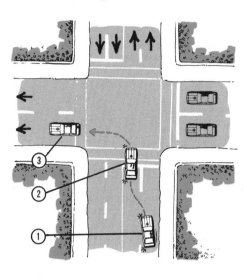

1
s'approcher du centre de la chaussée ;

2
avancer en ligne droite jusqu'à la rencontre des deux chaussées ;

3
dès que la voie est libre, s'engager dans la voie d'extrême gauche de l'autre chaussée.

D'une chaussée à sens unique vers une chaussée à circulation dans les deux sens, le conducteur doit:

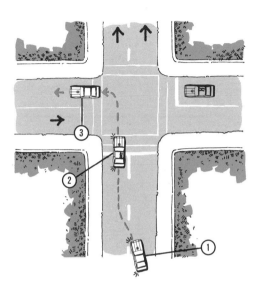

1
s'approcher de l'extrême gauche de la chaussée ou dans l'une des voies réservées au virage;

2
avancer en ligne droite jusqu'à la rencontre des deux chaussées;

3
emprunter la voie la plus près qui permet le déplacement dans le sens désiré.

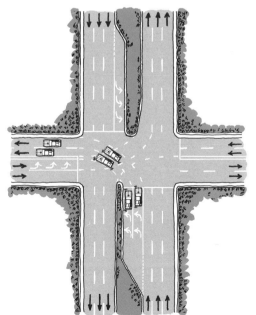

S'il y a deux voies de virage autorisées, le virage se complète dans les voies correspondantes sur l'autre chaussée.

À l'intersection de deux chaussées à sens unique, le conducteur doit:

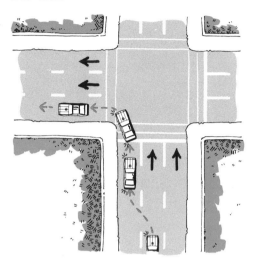

1
emprunter la voie d'extrême gauche ou se placer dans une autre voie réservée au virage;

2
avancer en ligne droite jusqu'à la rencontre des deux chaussées;

3
s'engager dans la voie d'extrême gauche de l'autre chaussée.

■ Signaler ses intentions et sa présence

Signaler ses intentions

Avant de changer de voie, de faire demi-tour, d'effectuer un virage, ou de s'engager sur la chaussée à partir de l'accotement ou d'une aire de stationnement, le conducteur doit signaler son intention:

À l'aide des feux de changement de direction

Il doit signaler son intention d'une façon continue et sur une distance suffisante de manière à assurer sa sécurité et celle des autres usagers de la route.

Le conducteur doit signaler son intention de dépasser au moyen des feux de changement de direction; la nuit, il peut en plus l'indiquer au moyen d'appels de phares.

À l'aide de signaux manuels

Le conducteur doit signaler son intention à l'aide d'un signal manuel si :

- les feux de changement de direction de son véhicule sont défectueux;
- les feux de freinage de son véhicule sont défectueux;
- son véhicule est exempt de l'obligation d'être muni de feux de changement de direction ou de freinage.

Les signaux manuels reconnus sont présentés dans les figures suivantes :

 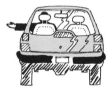 

Intention de virer à droite

Intention de virer à gauche

Intention de ralentir ou d'arrêter

Utilisation des feux de détresse

Le conducteur, qui en cas de nécessité, doit rouler à une lenteur excessive est tenu d'utiliser les feux de détresse de son véhicule. Les feux de détresse ne doivent servir que pour des motifs de sécurité (véhicule en panne ou immobilisé sur la chaussée, la nuit par exemple).

Utilisation des phares et des feux

La nuit ou si les conditions atmosphériques l'exigent, le conducteur veillera à ce que les phares et les feux de son véhicule soient allumés. Il est d'ailleurs recommandé de toujours allumer ses phares pour conduire.

La nuit, le conducteur doit passer des feux de route aux feux de croisement:

• lorsqu'il parvient à moins de 150 m d'un véhicule qui approche en sens inverse;

• lorsqu'il approche à moins de 150 m d'un véhicule qui le précède;

• lorsque la route est suffisamment éclairée.

■ Céder le passage

De nombreuses situations qui exigent qu'un usager de la route cède le passage à un autre ont été prévues par le *Code de la sécurité routière.*

En présence de piétons

Le conducteur d'un véhicule ou d'une bicyclette doit céder le passage aux piétons qui traversent ou s'apprêtent à traverser la chaussée:

• devant un feu vert;

• devant un feu blanc de piétons clignotant ou non;

• à un passage pour piétons;

• à une intersection réglementée par un ou des panneaux d'arrêt.

Devant un signal obligeant à céder le passage

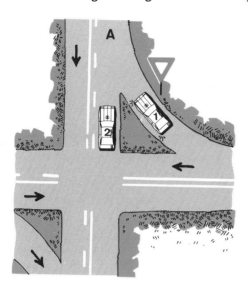

Le conducteur du véhicule 1 doit **céder** le passage au véhicule 2 avant de s'engager dans la voie A.

À l'entrée d'une autoroute

Le conducteur du véhicule 1 doit **céder** le passage au véhicule 2.

Lors d'un arrêt obligatoire

- À une intersection réglementée par un panneau d'arrêt pour une seule chaussée

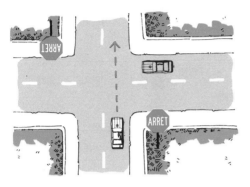

Le conducteur d'un véhicule ou le cycliste qui a dû s'immobiliser à une telle intersection ou à un feu rouge clignotant doit **céder** le passage à tout véhicule qui, circulant sur une autre chaussée, s'engage dans l'intersection ou se trouve à une distance telle qu'il y aurait danger d'accident.

- À une intersection réglementée par des panneaux d'arrêt pour toutes les directions

Le conducteur d'un véhicule routier ou d'une bicyclette qui a dû s'immobiliser à une telle intersection doit **céder** le passage à tout véhicule qui a rejoint l'intersection avant lui.

Dans ces deux cas, il doit également céder le passage aux piétons et aux cyclistes qui traversent la chaussée qu'il s'apprête à croiser ou à emprunter.

Devant certains feux de circulation

Le conducteur d'un véhicule ou le cycliste qui fait face à l'un ou l'autre de ces feux de circulation :

- feu rouge clignotant;
- feu jaune clignotant;
- feu vert clignotant ou non;
- flèche verte clignotante ou non;

doit céder le passage aux véhicules, aux cyclistes et aux piétons déjà engagés dans l'intersection.

Lors d'un virage à une intersection

Le conducteur d'un véhicule ou d'une bicyclette doit :

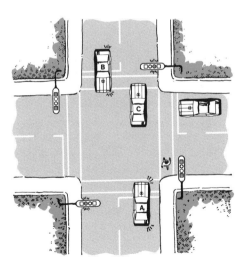

- **céder** le passage aux piétons et aux cyclistes qui traversent la chaussée qu'il désire emprunter. Dans la situation illustrée, le conducteur du véhicule A cède le passage au piéton.

- **céder** le passage, lors d'un virage à gauche, à tout véhicule qui circule en sens inverse. Dans la situation illustrée, le véhicule B cède le passage au véhicule C, au piéton ainsi qu'au véhicule A.

Au sortir ou à l'entrée d'une propriété privée

Le conducteur d'un véhicule ou d'une bicyclette qui désire s'engager dans une propriété privée ou la quitter doit d'abord céder le passage à tout véhicule ou piéton qui circule sur le chemin public.

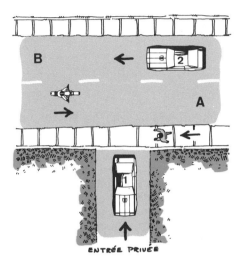

ENTRÉE PRIVÉE

Dans cette illustration, avant de s'engager dans la voie A, le conducteur doit **céder** le passage au piéton et au motocycliste.

Avant de s'engager dans la voie B, il doit **céder** le passage au piéton, au motocycliste et au véhicule 2.

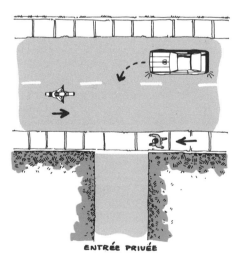

ENTRÉE PRIVÉE

Dans la situation illustrée ci-contre, le conducteur du véhicule doit **céder** le passage au motocycliste et au piéton avant de s'engager dans l'entrée privée. La même règle s'applique au conducteur d'une bicyclette.

En présence de véhicules d'urgence

Le conducteur d'un véhicule routier ou d'une bicyclette doit faciliter le passage d'un véhicule d'urgence dont les signaux clignotants ou pivotants ou les avertisseurs sonores fonctionnent. Pour ce faire, il doit réduire la vitesse de son véhicule, serrer à droite le plus possible et si nécessaire s'immobiliser.

En présence d'autobus

Sur un chemin public où la vitesse maximale permise est inférieure à 70 km/h, le conducteur d'un véhicule routier doit céder le passage à un autobus dont le conducteur veut réintégrer la voie où il circulait avant de s'arrêter. Cette obligation n'existe que pour les véhicules qui circulent dans la voie que veut réintégrer le conducteur d'autobus.

■Obligation en présence d'un autobus d'écoliers

Le conducteur d'un véhicule routier doit s'immobiliser à plus de cinq mètres d'un véhicule affecté au transport d'écoliers dont les feux intermittents sont en marche et dont le signal d'arrêt obligatoire est en fonction. Il peut le croiser ou le dépasser lorsque les feux intermittents sont éteints et que le signal d'arrêt est escamoté et après s'être assuré qu'il peut le faire sans danger.

Cette obligation s'applique au conducteur qui circule sur la même chaussée qu'un véhicule affecté au transport d'écoliers, peu importe qu'il le suive ou le croise. Si les voies de circulation sont séparées par un terre-plein ou un autre dispositif, le conducteur qui croise un autobus d'écoliers n'est pas tenu d'arrêter son véhicule.

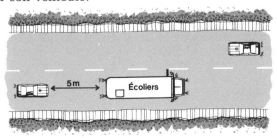

■ L'approche d'un passage à niveau

Au passage à niveau, le conducteur d'un véhicule routier ou d'une bicyclette doit immobiliser son véhicule à cinq mètres au moins de la voie ferrée, si l'arrivée ou la présence d'un véhicule sur rails est signalée par des feux ou par une barrière abaissée, ou par un employé de chemin de fer.

Par ailleurs, le conducteur d'un véhicule routier évitera de s'engager sur un passage à niveau lorsqu'il n'y a pas, devant son véhicule, un espace suffisant lui permettant de le franchir complètement.

Sauf indication contraire, le conducteur d'un autobus, d'un minibus ou d'un véhicule transportant des matières dangereuses doit, en tout temps, avant de franchir un passage à niveau, immobiliser son véhicule à cinq mètres au moins de la voie ferrée. Il ne poursuivra sa route qu'après s'être assuré qu'il peut franchir le passage sans danger.

■ Faire marche arrière

Lorsque la marche arrière est autorisée, le conducteur doit s'assurer que cette manoeuvre peut être effectuée sans danger et sans gêne pour la circulation.

Toutefois, il est interdit de faire marche arrière sur une autoroute ou sur ses voies d'entrée ou de sortie.

■ IMMOBILISATION ET STATIONNEMENT DES VÉHICULES

Si les déplacements d'un véhicule sont soumis à de multiples règles, l'immobilisation doit aussi suivre certains principes, que voici.

■ Obligations

En général, le conducteur doit stationner son véhicule dans le sens de la circulation et à une distance d'au plus 30 centimètres de la bordure de la chaussée. S'il stationne dans une pente, il devra :

- appliquer le frein de stationnement;
- orienter les roues avant de façon que tout déplacement de l'avant du véhicule se fasse vers la bordure la plus rapprochée.

Par la suite, il ne quittera pas son véhicule sans en avoir préalablement enlevé la clef de contact et verrouillé les portières. De plus, il ne laissera pas sans surveillance, dans le véhicule, un enfant âgé de moins de sept ans.

Par ailleurs, une motocyclette et un cyclomoteur peuvent être stationnés en oblique par rapport à la bordure la plus rapprochée de la chaussée et dans le sens de la circulation.

La nuit, le conducteur qui, par nécessité, immobilise son véhicule sur la chaussée, doit garder allumés les feux de position ou les feux de détresse. Il pourra aussi signaler la présence de son véhicule à l'aide de lampes ou fusées éclairantes visibles d'une distance d'au moins 150 mètres et utilisées conformément aux normes établies par règlement.

■ Interdictions

Sauf en cas de nécessité, le conducteur doit éviter d'immobiliser ou de stationner son véhicule de manière à rendre une signalisation inefficace, à nuire à la circulation, à l'exécution de travaux, à l'entretien d'un chemin ou à l'accès à une propriété.

Ainsi, il est interdit de stationner ou d'immobiliser son véhicule:

- à tout endroit où le stationnement est interdit par une signalisation à cet effet;
- sur un trottoir et un terre-plein;
- dans une intersection, sur un passage pour piétons et sur un passage à niveau, ni à moins de cinq mètres de ceux-ci;
- sur une autoroute ou sur ses voies d'entrée ou de sortie;
- sur une voie élevée, un pont, un viaduc et dans un tunnel;
- sur un chemin public où la vitesse maximale permise est de 70 km/h ou plus;
- à moins de cinq mètres d'un signal d'arrêt, d'une borne d'incendie, d'un poste de police ou d'un poste de pompiers;

- sur une voie réservée exclusivement à certains véhicules;
- à moins de huit mètres d'un poste de police ou de pompiers lorsque l'immobilisation se fait du côté opposé de la chaussée;
- dans des zones réservées aux autobus et identifiées comme telles;
- dans une zone de débarcadère;
- devant une rampe de trottoir aménagée spécialement pour les personnes handicapées;
- dans un espace de stationnement réservé à l'usage exclusif des personnes handicapées.

De même, on ne peut abandonner un véhicule routier sur un chemin public. Le cas échéant, le véhicule est déplacé et remisé aux frais de son propriétaire.

■Espace réservé aux personnes handicapées

Le conducteur d'un véhicule qui transporte une personne handicapée peut s'immobiliser devant une rampe de trottoir aménagée ou à tout autre endroit pour faire monter ou descendre la personne, dans la mesure où cette manœuvre peut être effectuée sans danger.

Par ailleurs, seuls les véhicules munis d'une vignette ou d'une plaque délivrées conformément au *Code de la sécurité routière* ou par l'Office des personnes handicapées sont autorisés à stationner dans un espace réservé à l'usage exclusif des personnes handicapées.

■PRATIQUES NON AUTORISÉES
● ● ● ● ● ● ● ● ● ● ● ● ● ● ● ● ●

■Circulation interdite — où et quand?

Certaines manœuvres ou certains comportements sont strictement interdits ou permis avec réserves et ce, pour assurer la sécurité de tous les usagers de la route, en déplacement ou à l'arrêt.

Sur l'accotement

Le conducteur d'un véhicule routier ne peut circuler sur l'accotement, sauf en cas de nécessité (voie fermée ou obstruée, urgence) ou à moins qu'une signalisation ne l'autorise.

Pour des motifs d'urgence

Le conducteur doit s'abstenir de conduire un véhicule aux endroits et pendant les périodes visées par une interdiction des autorités compétentes pour des motifs d'urgence ou en raison du dégel, de la pluie ou d'une inondation.

Course ou rallye

Il est interdit de conduire un véhicule à l'occasion d'un pari ou d'une course avec un autre véhicule à moins qu'il ne s'agisse d'un rallye organisé en conformité avec les normes établies.

Avec des passagers excédentaires

Le conducteur d'un véhicule routier ne peut pas transporter plus de passagers que le nombre de places assises disponibles dans son véhicule.

De même, la banquette avant ne doit pas être occupée par plus de trois personnes; si le véhicule est équipé de sièges baquets, deux personnes au plus y prendront place.

Par ailleurs, aucun passager ne doit être admis dans une remorque ou une semi-remorque en mouvement, à moins que celles-ci soient aménagées à des fins spécifiques et que le chemin utilisé soit fermé à la circulation.

Avec des boissons alcoolisées

Aucun occupant ne peut consommer de boissons alcoolisées dans un véhicule routier en circulation ou stationné dans un endroit où le public est autorisé à circuler.

■Pratiques non autorisées concernant le véhicule

Véhicule en marche

Il est interdit de se tenir sur le marche-pied d'un véhicule en marche, d'y monter ou d'en descendre. Toutefois, ces pratiques sont autorisées pour la personne qui, dans l'exercice de ses fonctions, doit se tenir sur une partie extérieure d'un véhicule spécialement aménagé.

En outre, il est interdit d'ouvrir les portières, à moins d'un arrêt du véhicule et pourvu que la manœuvre ne comporte aucun danger.

Plaque d'immatriculation

Le conducteur d'un véhicule routier dont l'immatriculation autorise à circuler exclusivement sur un terrain ou un chemin privé ne peut circuler sur un chemin public. Toutefois, le conducteur d'un tel véhicule, à l'exception d'un véhicule sur chenilles métalliques, est autorisé à traverser un chemin public autre qu'une autoroute.

Crissement de pneus

Il est interdit de faire crisser les pneus de son véhicule ou de freiner brusquement à moins d'y être obligé pour des raisons de sécurité.

Remorquage

Le conducteur d'un véhicule routier ne peut remorquer un autre véhicule dont les roues demeurent au sol, à moins que celui-ci ne soit solidement retenu au moyen d'une barre.

Baladeur, téléviseur, détecteur de radar

Le conducteur d'un véhicule ne peut porter un baladeur ou des écouteurs en conduisant.

Il est en outre interdit de conduire un véhicule muni de l'un ou l'autre de ces objets:

- téléviseur ou écran cathodique placé de façon que le conducteur puisse voir l'écran;
- détecteur de radar.

On ne peut non plus conduire un véhicule lorsqu'un passager, un animal ou un objet est placé de façon à obstruer la vue.

■Pratiques non autorisées concernant l'utilisation des chemins publics

Objets et obstacles

En règle générale, il est interdit de lancer, déposer de la neige ou de la glace sur un chemin public. Il est aussi défendu d'y jeter un objet quelconque ou d'entraver la circulation au moyen d'obstacles.

Traverse d'animaux

On ne peut pas faire circuler d'animaux de ferme sur un chemin public s'ils ne sont pas accompagnés de deux personnes munies d'un drapeau rouge. La nuit, il est interdit de les faire circuler. En aucun moment cette pratique est autorisée sur l'autoroute.

Équitation

Il n'est pas permis de faire de l'équitation sur une autoroute ou sur ses voies d'entrée et de sortie ainsi qu'à tout autre endroit où une signalisation l'interdit.

■RÈGLES PARTICULIÈRES À CERTAINS USAGERS

La particularité des règles exposées dans la présente section vient du fait qu'elles s'adressent spécifiquement à certaines catégories d'usagers et qu'elles s'ajoutent aux autres règles de la circulation déjà présentées.

Par ailleurs, des règlements concernant d'autres aspects de la conduite peuvent exister pour ces mêmes catégories d'usagers par exemple, le *Règlement sur la motoneige* ou le *Règlement sur les heures de conduite et de travail*. Il faudra alors se référer à chacun des règlements pour connaître les autres obligations auxquelles ces usagers doivent se conformer.

■ Le piéton

Identification obligatoire

En sa qualité d'usager de la route à part entière, le piéton est maintenant tenu de présenter son permis de conduire ou de déclarer ses nom et adresse à la demande d'un agent de la paix qui juge qu'une infraction au *Code de la sécurité routière* a été commise.

Obligations

Le piéton est tenu d'emprunter le trottoir qui longe la chaussée. S'il n'y en a pas, il doit circuler sur l'accotement ou au bord de la chaussée, dans le sens contraire à la circulation.

Lorsqu'il y a une intersection ou un passage pour piétons à proximité, le piéton doit les emprunter pour traverser un chemin public. Il doit, avant de s'y engager, s'assurer qu'il peut le faire sans danger.

Par ailleurs, lorsqu'il n'y a pas d'intersections ou de passages pour piétons à proximité, le piéton qui traverse un chemin public doit céder le passage aux véhicules et aux cyclistes.

Le piéton doit se conformer aux feux de piétons installés à une intersection. Le feu blanc l'autorise à traverser la chaussée. Le signal clignotant l'invite à se dépêcher d'atteindre le trottoir ou la zone de sécurité s'il a commencé à traverser. Le feu orange lui interdit de s'engager sur la chaussée.

En l'absence de feux de piétons, le piéton doit obéir aux feux de circulation.

Restrictions

Le *Code de la sécurité routière* interdit aux piétons :

- de traverser une intersection en diagonale;
- de faire de l'auto-stop en se plaçant sur la chaussée ou à un endroit où le dépassement est interdit;
- de se tenir sur la chaussée pour discuter avec l'occupant d'un véhicule routier;
- de circuler sur une autoroute et sur les voies d'entrée ou de sortie d'un tel chemin, sauf en cas de nécessité. Un piéton ne peut traverser un tel chemin qu'aux endroits où il y a des feux de circulation.
- de faire usage sur la chaussée de patins, de skis, d'une planche à roulettes ou d'un véhicule jouet.

Quelques conseils de sécurité

Avant de traverser, il vaut mieux regarder par-dessus son épaule et bien vérifier si un véhicule venant de l'arrière s'apprête à tourner sur son chemin. Il faut regarder à gauche, à droite, puis de nouveau à gauche avant de s'engager sur la chaussée; il faut apprendre aussi à bien évaluer le temps qu'il faut pour traverser sécuritairement la chaussée.

Le soir, le port de vêtements clairs rend plus visible. Pour augmenter la sécurité des jeunes piétons sur le chemin de l'école, il est suggéré de coller des bandes réfléchissantes sur leurs vêtements et leurs sacs d'écoliers.

■ Le cycliste

La bicyclette a connu un essor considérable au cours des dernières années et le Québec compte maintenant une bicyclette pour deux habitants. Or, rouler à bicyclette ne se fait pas sans risques puisque, chaque année, de nombreux cyclistes sont victimes d'accidents.

S'il est légitime de réclamer sa place dans la circulation, il faut d'abord, pour s'assurer d'un partage efficace de la route, respecter la loi. Les cyclistes sont soumis aux mêmes règles de circulation que les autres usagers de la route, de même qu'à un certain nombre de dispositions particulières. De plus, le *Code de la sécurité routière* les oblige à s'identifier à la demande d'un policier qui estime qu'une infraction a été commise.

L'équipement obligatoire

La bicyclette doit être munie d'un réflecteur blanc à l'avant, et de réflecteurs rouges à l'arrière et sur les rayons de la roue arrière. Il doit y avoir un réflecteur de couleur jaune sur chaque pédale et sur les rayons de la roue avant.

La nuit, la bicyclette doit être munie d'au moins un phare blanc à l'avant et d'un feu rouge à l'arrière. De plus, le cycliste veillera à porter des vêtements réfléchissants et de couleur claire.

Les règles de circulation

Le cycliste doit circuler en tenant constamment son guidon et rouler à la file, s'il fait partie d'un groupe de deux ou plus, le maximum permis dans une file étant de 15 cyclistes. Il doit conduire à l'extrême droite de la chaussée et dans le sens de la circulation, sauf:

• en cas d'obstruction;

• lorsqu'il veut effectuer un virage à gauche.

En plus de se conformer à toute signalisation, il doit également signaler ses intentions d'une façon continue sur une distance suffisante, en particulier :

- pour arrêter ou ralentir, en pointant le bras gauche vers le bas;
- pour tourner à droite, en élevant l'avant-bras gauche verticalement vers le haut ou en étendant le bras droit vers la droite;
- pour tourner à gauche, en étendant le bras gauche vers la gauche.

Enfin, si le chemin public comporte une voie cyclable, le cycliste est tenu de l'utiliser.

Il est interdit de conduire une bicyclette entre deux rangées de véhicules circulant sur des voies contiguës, sur une autoroute ou sur les voies d'entrée ou de sortie de ce chemin et sur un chemin public où la vitesse maximale permise est de plus de 50 km/h, sauf quand :

- la chaussée comporte une voie cyclable aménagée par les responsables de l'entretien;
- le cycliste est âgé d'au moins 12 ans;
- le cycliste participe à une excursion dirigée par une personne majeure.

Le cycliste ne doit pas consommer de boissons alcoolisées en cours de trajet ni transporter un passager à moins de disposer d'un siège fixé à cette fin. Il ne peut circuler sur un trottoir, sauf en cas de nécessité ou à moins que la signalisation ne le permette.

Il lui est de plus interdit de s'agripper à un véhicule routier en mouvement de même que de circuler avec un baladeur (walkman) ou des écouteurs.

Enfin, certaines voies lui sont interdites par la signalisation.

Pour une sécurité accrue

Le port de vêtements clairs et colorés rend le cycliste mieux visible dans la circulation.

Bien qu'il ne soit pas obligatoire, le port du casque est un moyen de protection efficace pour réduire l'effet des impacts à la tête, en cas de chute.

Le fanion « écarteur de danger » oblige le conducteur à laisser davantage d'espace entre son véhicule et la bicyclette qu'il dépasse.

Garder les mains sur le guidon. Utiliser un panier ou un porte-bagages si nécessaire pour une conduite en toute sécurité.

Il faut vérifier fréquemment le bon état de fonctionnement et la solidité des divers éléments de l'équipement et des accessoires, tels le guidon, les roues, l'éclairage, les jantes, la chaîne et les freins.

■ Le motocycliste et le cyclomotoriste

Le motocycliste ou le cyclomotoriste doivent circuler assis sur leur siège en tenant constamment le guidon. Lorsqu'ils circulent, le phare blanc de leur véhicule doit toujours demeurer allumé. S'ils transportent un passager, il doivent s'assurer que celui-ci est assis face au guidon, les pieds sur les appuie-pied. Lorsqu'ils circulent en groupe de deux ou plus dans une voie de circulation, ils doivent adopter la formation en zigzag.

Ils doivent également porter un casque protecteur conforme aux normes. Cette précaution s'applique aussi au passager arrière ou assis dans une caisse adjacente au véhicule. De plus, le

motocycliste, le cyclomotoriste et leur passager devront permettre l'examen de leur casque protecteur par l'agent de la paix qui en fait la demande.

Il est interdit de conduire une motocyclette ou un cyclomoteur entre deux rangées de véhicules circulant sur des voies contiguës. On ne peut non plus conduire, sur une autoroute ou sur les voies d'entrée ou de sortie de ce chemin, un cyclomoteur ou une motocyclette munis d'un moteur dont la cylindrée est de 125 cm³ ou moins.

Le conducteur d'une motocyclette ou d'un cyclomoteur ne peut transporter aucune personne, à moins que son véhicule ne soit muni d'un siège fixe et permanent destiné à cet usage ainsi que d'appuie-pied fixés de chaque côté.

Il ne peut circuler sur un trottoir sauf en cas de nécessité ou à moins que la signalisation ne le permette.

Enfin, la signalisation routière du Québec comporte des panneaux interdisant aux motocyclistes et aux cyclomotoristes l'accès à certaines routes ou rues de même qu'à certains espaces.

Avoir le souci d'être vu

La motocyclette et le cyclomoteur doivent être munis d'au moins un phare blanc à l'avant et d'un feu rouge à l'arrière, de deux feux indicateurs de changement de direction à l'arrière et à l'avant et d'un feu de freinage rouge. La caisse adjacente, s'il y en a une, doit être munie d'un feu rouge à l'arrière, placé le plus près possible de l'extrémité droite.

Compte tenu du fait que l'information, dans une proportion de 80 à 90 p. 100, parvient au conducteur par la vue, le motocycliste et le cyclomotoriste doivent constamment s'assurer d'être vus par les autres conducteurs de véhicules routiers. C'est pourquoi le phare doit resté allumé pendant toute la durée des déplacements. De plus, ils veillent à occuper, dans une voie, la position correcte et portent, la nuit, des vêtements réfléchissants et de couleur claire.

■ Le conducteur d'un véhicule d'urgence

Le conducteur d'un véhicule d'urgence ne doit actionner les signaux lumineux ou sonores ou tout autre dispositif dont son véhicule est muni que dans l'exercice de ses fonctions et si les circonstances l'exigent.

Il n'est alors pas tenu de se conformer aux règles de la circulation concernant les limites de vitesse, les dépassements, les immobilisations et stationnements, la signalisation (panneaux et feux de circulation) et les priorités de passage.

■ Le conducteur affecté au transport d'écoliers

Le conducteur d'un autobus ou d'un minibus affecté au transport d'écoliers ne peut transporter plus de passagers qu'il n'y a de places disponibles pour les asseoir.

Il ne doit pas mettre son véhicule en mouvement tant que toutes les personnes ne sont pas assises et doit aussi s'assurer qu'elles le demeurent pendant le trajet.

Le conducteur d'un autobus ou d'un minibus affecté au transport d'écoliers doit avertir les autres usagers de la route qu'il a arrêté son véhicule pour faire monter ou descendre des passagers. Il doit mettre en marche les feux intermittents en actionnant le signal d'arrêt obligatoire tant que les personnes ne sont pas en sécurité et jusqu'à ce que les passagers aient atteint le trottoir ou la bordure de la rue.

Lorsque le conducteur est immobilisé à la file derrière un autre autobus affecté au transport des écoliers dont les feux intermittents sont en marche, il doit actionner les feux intermittents et le signal d'arrêt obligatoire. En toute autre circonstance, le conducteur évite de faire fonctionner les feux intermittents et d'actionner le signal d'arrêt obligatoire.

■ Le conducteur d'un véhicule lourd

Généralités

Le *Code de la sécurité routière* **oblige** le conducteur :

- à se présenter à un poste de pesée lorsqu'un agent autorisé ou une signalisation l'y oblige;
- à installer un drapeau rouge ou un panneau réfléchissant à l'extrémité d'un chargement ou d'un équipement excédant de plus d'un mètre l'arrière du véhicule ou de l'ensemble de véhicules routiers. De plus, si le véhicule doit circuler la nuit, il doit installer un feu rouge visible d'une distance d'au moins 150 mètres de l'arrière et des côtés;
- à respecter la réglementation sur le transport des matières dangereuses, à se conformer aux directives d'un agent de police qui exigerait l'inspection de la cargaison et à lui remettre les documents concernant la cargaison et ceux établissant sa compétence dans le transport des matières dangereuses;
- à munir un véhicule lent d'un panneau avertisseur.

Le *Code de la sécurité routière* **interdit** de conduire ou laisser conduire un véhicule dont le chargement:

- n'est pas solidement retenu ou suffisamment recouvert de manière à ce qu'aucune de ses parties ne puisse se déplacer ou se détacher du véhicule;
- est placé, retenu ou recouvert de manière à réduire le champ de vision du conducteur, à compromettre la stabilité ou la conduite du véhicule ou à masquer ses feux et ses phares;
- n'est pas placé, retenu ou recouvert conformément au *Règlement sur les normes d'arrimage des charges*. Ce règlement prescrit les normes d'arrimage des charges en fonction de chaque type de chargement;
- excède en longueur ou en largeur les normes prescrites.

Le propriétaire ou le locataire d'un véhicule hors normes ne peut laisser circuler ce véhicule à moins d'obtenir un permis de circulation spécial. Le conducteur doit avoir ce permis avec lui lorsqu'il circule et en respecter les conditions.

Le conducteur d'un véhicule lourd ne doit pas accepter de passagers dans une remorque ou semi-remorque en mouvement.

Autres obligations

Les obligations énoncées ci-après s'appliquent au conducteur de tout autobus aménagé pour le transport de plus de neuf occupants à la fois ou d'un véhicule de commerce dont la masse nette est de plus de 3 000 kg.

Vérification mécanique

Effectuer la vérification mécanique de son véhicule, en noter l'état mécanique et signaler par écrit toute défectuosité. Ceci doit être inscrit dans un seul registre que le conducteur tient à jour et conserve à bord du véhicule.

Conduire un véhicule qui ne présente aucune défectuosité majeure.

Heures de conduite et de travail

Fournir un nombre d'heures de conduite ou de travail conforme aux normes. Inscrire ces renseignements, le plus exactement possible dans un seul registre, que le conducteur conserve à bord du véhicule.

Permis de conduire

Informer le transporteur lorsque son permis de conduire a été révoqué, modifié ou suspendu ou que la classe autorisant la conduite du véhicule a été modifiée.

Se conformer aux exigences d'un agent de la paix qui retire le permis de conduire au conducteur qui a dépassé le nombre d'heures de conduite ou de travail prévu par règlement, pour la période correspondant au nombre d'heures de repos prescrit.

Règles particulières concernant les autobus

Pour faire monter ou descendre les passagers, le conducteur doit immobiliser l'autobus à l'extrême droite de la chaussée ou dans les zones prévues à cette fin; il doit d'abord s'assurer qu'il peut le faire sans danger. Il ne peut ouvrir la porte avant d'être complètement immobilisé.

Le conducteur d'autobus doit distribuer et arrimer correctement les bagages, le fret et la messagerie dans l'autobus.

Sur un chemin public où la vitesse maximale permise est inférieure à 70 km/h, le conducteur d'autobus a priorité pour réintégrer la voie dans laquelle il circulait avant de s'immobiliser. Il doit toutefois s'assurer qu'il peut le faire sans danger et actionner les feux de changement de direction pour indiquer son intention.

Le conducteur d'un autobus ne peut pas transporter plus de passagers que le nombre de places assises disponibles.

Cette disposition ne s'applique pas au conducteur d'un autobus ou d'un minibus autre que celui affecté au transport d'écoliers lorsque:

- cet autobus ou minibus circule en milieu urbain;
- cet autobus ou minibus circule à l'extérieur d'un milieu urbain, à condition que le nombre de passagers excédant le nombre de sièges disponibles ne dépasse pas un passager par rangée de sièges.

■Le conducteur d'un véhicule hors route

L'utilisation des véhicules hors route, des véhicules tout terrain[1] et des motoneiges connaît encore beaucoup de popularité. Néanmoins, l'imprudence et l'absence d'équipement de sécurité ont occasionné à leurs occupants de nombreuses blessures, parfois graves, et ont même entraîné des décès. Le conducteur qui ne respecte pas les règles de conduite établies pour ces véhicules commet une infraction en plus de mettre sa vie et celle des autres en danger.

Règles d'utilisation d'un véhicule tout terrain

- Le conducteur d'un véhicule tout terrain doit être âgé d'au moins 14 ans.
- Le véhicule tout terrain doit être immatriculé.
- Toute personne prenant place sur un véhicule tout terrain doit porter un casque protecteur, ainsi que des souliers ou des bottes.
- Le conducteur d'un véhicule tout terrain doit aussi à tout moment maintenir allumé le phare blanc de son véhicule lorsque celui-ci en est équipé. Il ne peut transporter personne, à moins que son véhicule ne soit équipé par le fabricant d'un siège fixe et permanent destiné à cet usage.

---

1 On entend par «véhicule tout terrain» un véhicule de promenade à deux roues ou plus, conçu pour circuler en dehors d'un chemin public et dont la masse nette n'excède pas 450 kg.

- Si le véhicule tout terrain est une moto hors route pouvant transporter un passager, celui-ci doit être assis dans la direction du guidon et de façon que ses pieds reposent sur les appuie-pied lorsque le véhicule est en mouvement.

Il est interdit de conduire un véhicule tout terrain dont un équipement ou un accessoire installé par le fabricant a été modifié, enlevé ou mis hors d'usage ou dont la plaque d'immatriculation n'est pas solidement fixée à l'arrière. Il est également interdit de conduire ce type de véhicule la nuit, s'il n'est pas muni d'un phare blanc à l'avant, d'un feu rouge à l'arrière et d'un feu blanc placé de façon à éclairer la plaque d'immatriculation arrière.

Règles de circulation du véhicule tout terrain

Nul ne peut conduire un véhicule tout terrain sur la chaussée d'un chemin public[2], ni sur l'emprise et le fossé de ce chemin. Cependant, le conducteur d'un véhicule tout terrain peut traverser à angle droit un chemin public autre qu'une autoroute:

- à la condition qu'il soit titulaire d'un permis de conduire;
- s'il ne transporte aucun passager;

---

2 La notion de chemin public s'étend à tout chemin privé, ouvert à la circulation publique des véhicules routiers.

- s'il a immobilisé son véhicule et cédé le passage à tout véhicule routier, cycliste ou piéton qui circule sur le chemin qu'il s'apprête à traverser;

- lorsqu'il n'y a pas de ligne continue sur la chaussée qu'il s'apprête à traverser.

Le conducteur d'un véhicule tout terrain ne peut circuler sur une propriété sans l'autorisation expresse du propriétaire ou du locataire.

Nul ne peut conduire un véhicule tout terrain de manière à mettre en péril la vie ou la sécurité des personnes, ni autoriser une personne à s'agripper ou à s'accrocher à son véhicule lorsque celui-ci est en marche.

Règles d'utilisation d'une motoneige

- La motoneige doit être immatriculée et la personne qui la conduit doit porter sur elle le certificat d'immatriculation de cette motoneige.

- Le port du casque protecteur est requis pour tout motoneigiste sauf s'il circule dans un traîneau tiré par une motoneige.

- De plus, le motoneigiste ne doit pas porter de foulard ni d'autre accessoire vestimentaire qui risque d'être happé par le mécanisme de la motoneige ou des branches d'arbres.

- Nul ne peut conduire ni avoir la garde d'une motoneige s'il est sous l'influence de l'alcool ou de la drogue.

- Il est interdit de circuler sur une motoneige modifiée ou non conforme aux normes de construction établies.

Toute motoneige devrait, autant que possible, être équipée d'une trousse de premiers soins et d'une trousse de réparation pour les petites pannes de moteur.

Le motoneigiste doit aussi veiller au bon fonctionnement des divers dispositifs de sécurité.

Quelques règles de circulation pour les motoneiges[3]

- Sauf en cas d'extrême urgence, il est strictement défendu de circuler sur la voie publique en motoneige, avec ou sans traîneau.

---

3 Il existe d'autres règles de circulation pour la motoneige. Ne sont présentées ici que celles qui ont trait à l'utilisation de la voie publique.

Il est toutefois permis de traverser un chemin public, sans pour autant être titulaire d'un permis de conduire. Mais avant d'effectuer cette manœuvre, le conducteur doit prendre les précautions nécessaires; il doit aussi s'assurer que personne n'occupe le traîneau qu'il tire et traverser le chemin le plus directement possible.

- Le conducteur doit tenir allumés en tout temps les phares avant et les feux arrière de sa motoneige lorsqu'il circule dans les sentiers.

- Le motoneigiste doit se conformer aux panneaux de signalisation et doit aussi respecter la limite de vitesse prescrite.

- Tout conducteur doit immobiliser temporairement sa motoneige :
  - à tout endroit où se trouve un signal d'arrêt obligatoire;
  - juste avant de traverser un chemin public ou un chemin privé ouvert à la circulation des véhicules;
  - avant de traverser une voie ferrée.

- Toute personne qui circule en motoneige est tenue d'obéir aux ordres d'un agent de police ou de toute autre personne autorisée, s'il y a lieu.

- Il n'est pas permis de circuler en motoneige à moins de 30 mètres d'une habitation ou d'une aire récréative à moins d'y être autorisé par le propriétaire des lieux.

CHAPITRE

•••••• **3** ••••••

LE
VÉHICULE

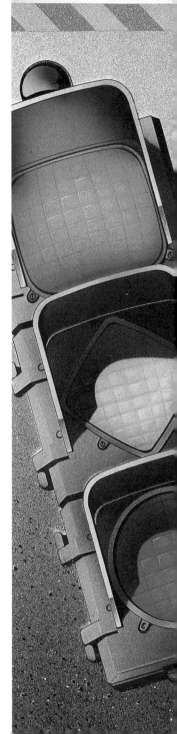

L'immatriculation est une procédure qui a cours pendant toute l'année. Le mois du paiement est fixé, pour chaque propriétaire de véhicule de promenade, en fonction de la première lettre de son nom de famille. Dans tous les autres cas, c'est la catégorie du véhicule qui détermine la date.

Le paiement des droits s'effectue chaque année et varie selon le type, l'usage ou le lieu d'utilisation du véhicule.

Le *Code de la sécurité routière* et ses règlements obligent le propriétaire à bien entretenir son véhicule et à s'assurer que ses équipements et accessoires sont conformes à la loi.

■L'IMMATRICULATION DES VÉHICULES ROUTIERS
• • • • • • • • • • • • • • • •

■Dispositions générales

Tout véhicule routier doit être immatriculé, à moins d'une exemption en vertu du *Code de la sécurité routière*. Le propriétaire doit demander l'immatriculation à la Société de l'assurance automobile du Québec dès la prise de possession du véhicule. De plus, la personne qui vient s'établir au Québec doit en faire la demande dans les 90 jours suivants son arrivée.

Par la suite, la Société délivre un certificat et une plaque de la catégorie correspondant au véhicule.

■ Les véhicules exemptés de l'immatriculation

Sont exemptés de l'immatriculation les véhicules routiers suivants :
- la machinerie agricole définie par règlement et appartenant à un agriculteur;
- le véhicule de loisir, dans les cas prévus par règlement;
- l'essieu amovible.

■ L'obtention de l'immatriculation et du droit de mettre son véhicule en circulation

Pour obtenir son immatriculation et le droit de mettre son véhicule en circulation, le propriétaire doit :
- satisfaire aux conditions et aux formalités établies par règlement;
- payer les droits et les contributions au régime d'assurance automobile;
- avoir obtenu un permis de la Commission des transports du Québec lorsque requis.

Une assurance-responsabilité obligatoire

La Loi sur l'assurance automobile oblige tout propriétaire de véhicule routier à avoir une assurance-responsabilité d'un montant minimal de 50 000 $.

Exigence particulière pour une personne mineure

Une personne mineure doit fournir à la Société le consentement écrit du titulaire de l'autorité parentale ou, à défaut, celui de la personne à qui elle est légalement confiée.

Cas de refus, par la Société, d'immatriculer un véhicule routier

La Société doit refuser l'immatriculation d'un véhicule routier lorsque celui qui en fait la demande n'est pas en mesure d'établir qu'il en est le propriétaire ou le copropriétaire ou que le véhicule est la propriété d'une société dont il fait partie.

Cas d'interdiction de circuler avec un véhicule routier

- le propriétaire n'acquitte pas les sommes prévues pour circuler avec son véhicule, incluant tout solde antérieur impayé à la Société;
- le propriétaire n'a pas la preuve d'assurance requise par la loi.

Vérification mécanique

La Société peut imposer au propriétaire une interdiction de circuler avec son véhicule dans les trois cas suivants:

Le véhicule présente une défectuosité majeure:

- Le propriétaire dont le véhicule présente une défectuosité majeure perd immédiatement le droit de circuler avec ce véhicule.

Le véhicule présente une défectuosité mineure:

- Le propriétaire dont le véhicule présente une défectuosité mineure se verra accorder un certain délai pour faire effectuer les réparations requises. Si le propriétaire ne se conforme pas à cette obligation, son véhicule fera l'objet d'une interdiction de circuler.

Le propriétaire refuse ou néglige de soumettre son véhicule à une vérification mécanique:

- Dans le cas où le propriétaire refuse ou néglige de soumettre son véhicule à une vérification mécanique ou de fournir son certificat de vérification mécanique, son véhicule fera l'objet d'une interdiction de circuler.

Conditions d'immatriculation

Signature

Le titulaire doit signer son certificat d'immatriculation. Le certificat d'immatriculation est permanent, c'est-à dire que le propriétaire le conserve tant qu'il est propriétaire de son véhicule.

Changement d'adresse

Le titulaire d'un certificat d'immatriculation a l'obligation d'informer la Société, dans les 30 jours, de tout changement d'adresse.

Mise en place des plaques d'immatriculation

Le propriétaire d'un véhicule routier doit fixer solidement sa plaque d'immatriculation à l'arrière de son véhicule ou à tout autre endroit déterminé par règlement.

Toutefois, si un règlement prescrit la délivrance de deux plaques d'immatriculation, l'une doit être fixée à l'avant du véhicule et l'autre, à l'arrière.

Autres prescriptions

Seule une inscription déterminée par la Société peut apparaître sur la plaque d'immatriculation.

La plaque d'immatriculation doit être libre de tout objet ou de toute matière nuisibles à sa lecture. En outre, la plaque arrière du véhicule doit être suffisamment éclairée.

L'agent de la paix peut exiger du conducteur d'un véhicule routier le nettoyage de sa plaque d'immatriculation, si la saleté en rend la lecture difficile.

Interdiction de fixer d'autres plaques

Il faut se garder de fixer sur son véhicule routier une plaque qui peut être confondue avec une plaque d'immatriculation délivrée par la Société ou par une autre administration compétente, sauf s'il s'agit d'une plaque requise en vertu d'une autre loi en vigueur au Québec.

Remplacement des certificats et des plaques d'immatriculation

Le titulaire d'un certificat d'immatriculation illisible ou endommagé est tenu d'en demander le remplacement à la Société.

De plus, il est interdit de circuler avec un véhicule dont la plaque est endommagée au point d'être illisible, sous peine d'amende.

Sur présentation d'une preuve et moyennant certains frais, la Société remplace un certificat ou une plaque d'immatriculation, endommagés, détruits, perdus ou volés.

■La cession du droit de propriété

Véhicule acquis d'un particulier

Lorsque le véhicule est acquis d'un particulier, le vendeur et l'acheteur doivent se présenter à un point de service de la Société; la personne qui vend son véhicule doit alors remettre sa plaque et son certificat d'immatriculation après avoir endossé ce dernier. L'acquéreur demande alors une nouvelle immatriculation à la Société.

S'il s'agit d'un échange de véhicules routiers entre non-commerçants, chaque propriétaire remet à la Société son certificat d'immatriculation endossé et demande une nouvelle immatriculation.

Transaction chez un commerçant

La personne qui vend son véhicule routier à un commerçant, lui remet son certificat d'immatriculation, après l'avoir endossé. Si elle acquiert un nouveau véhicule, elle doit demander à la Société une nouvelle immatriculation. Sinon, elle transmet à la Société sa plaque d'immatriculation.

La mise au rancart

Le propriétaire d'un véhicule routier qui met son véhicule au rancart doit en informer la Société.

S'il cède son droit de propriété, les obligations relatives à une vente s'appliquent, compte tenu des adaptations nécessaires.

Le remisage

Le propriétaire d'un véhicule routier qui désire remiser son véhicule doit en informer la Société.

■Paiement annuel

Chaque année, le propriétaire d'un véhicule doit payer les sommes exigées pour conserver le droit de circuler avec son véhicule.

La Société de l'assurance automobile n'accorde aucun délai aux retardataires.

■Le coût de l'immatriculation

Le coût de l'immatriculation diffère selon le type, l'usage et le lieu d'utilisation du véhicule. Cette somme, versée annuellement, comprend :

- les droits d'immatriculation;
- la contribution au régime d'assurance automobile du Québec;
- les frais d'administration;
- la contribution au transport en commun, s'il y a lieu.

■Le remboursement

Le propriétaire d'un véhicule peut obtenir le remboursement d'une partie des sommes versées pour ses droits d'immatriculation et la contribution au régime d'assurance automobile lorsque son véhicule est mis au rancart, remisé, vendu, sinistré, volé ou émigré.

■Vignette d'identification pour les véhicules conduits par les personnes handicapées

Sur paiement d'une somme déterminée, la Société délivre une vignette d'identification à toute personne handicapée, propriétaire d'un véhicule routier et titulaire d'un permis de conduire, qui en fait la demande et qui satisfait aux normes, conditions et formalités établies. De plus, la Société peut délivrer une vignette à un établissement public au sens de la Loi sur les services de santé et les services sociaux, lorsque cet établissement est propriétaire d'un véhicule automobile équipé de dispositifs d'immobilisation de fauteuils roulants.

La Société peut également délivrer, à certaines conditions, une vignette d'identification à une personne handicapée qui n'est pas propriétaire de véhicule routier mais qui satisfait à toutes les autres exigences.

■ LES RÈGLES RELATIVES AUX VÉHICULES ROUTIERS ET À LEUR ÉQUIPEMENT

■ Le numéro d'identification obligatoire

Les véhicules routiers et les bicyclettes doivent porter le numéro d'identification apposé par le fabricant, qui informe d'ailleurs la Société des numéros qu'il attribue. Cette dernière peut également y apposer un numéro d'identification.

Le propriétaire d'un véhicule routier doit s'assurer que son véhicule est muni d'un numéro d'identification.

Il est interdit de modifier, de rendre illisible, d'effacer, de remplacer ou d'enlever le numéro d'identification, à moins d'une approbation préalable de la Société.

■ Les accessoires et l'équipement obligatoires

Tous les véhicules routiers, bicyclettes incluses, doivent être munis des accessoires et de l'équipement imposés au fabricant par une loi ou un règlement en vigueur au Québec.

Les autobus et minibus affectés au transport d'écoliers doivent être munis d'affiches à l'avant et à l'arrière, portant l'inscription «ÉCOLIERS». Ces affiches doivent être enlevées ou recouvertes lorsque le véhicule n'est pas affecté au transport d'écoliers. Ces autobus et minibus doivent également être munis de feux intermittents placés à l'avant et à l'arrière du véhicule ainsi que d'un signal d'arrêt obligatoire constitué soit d'un panneau d'arrêt escamotable, soit d'un bras escamotable avec panneau d'arrêt.

■ L'éclairage

Le véhicule automobile

Tout véhicule automobile circulant sur un chemin public doit être muni, à l'avant, d'au moins deux phares blancs simples ou jumelés, de deux feux de position jaunes ou blancs, de deux feux de changement de direction jaunes ou blancs. À l'arrière,

le véhicule doit compter au moins deux feux de position rouges, deux réflecteurs rouges (pouvant être intégrés aux lentilles des feux), deux feux de freinage rouges, deux feux de
changement de direction rouges ou jaunes, un feu de recul blanc
et un feu blanc pour éclairer la plaque d'immatriculation ainsi
que, de chaque côté du véhicule, des feux latéraux jaunes et
rouges. Les feux prévus pour l'arrière d'un véhicule automobile doivent être apposés à l'arrière de la remorque ou de la semi-
remorque située à l'arrière d'un ensemble de véhicules routiers.

Le camion lourd et l'autobus

Les véhicules automobiles et tout ensemble de véhicules routiers mesurant plus de 2,03 mètres de largeur doivent en plus
être munis, à l'avant, de deux feux de gabarit jaunes et de trois
feux d'identification jaunes ainsi que, à l'arrière, de deux feux
de gabarit rouges et de trois feux d'identification rouges. Enfin,
tout véhicule automobile d'une longueur de 9,1 mètres ou plus
doit être muni d'un feu de position et d'un réflecteur latéraux
jaunes, placés sur chaque côté, à mi- distance entre les feux latéraux avant et arrière.

La remorque

En plus des feux mentionnés au paragraphe précédent, la remorque et la semi-remorque doivent être munies, de chaque côté,
d'un feu de position latéral jaune à l'avant et d'un feu de position latéral rouge à l'arrière. Lorsque la remorque est d'une longueur de 9,1 mètres ou plus, il faut ajouter un feu de position
et un réflecteur latéraux jaunes placés à mi-distance entre les
feux latéraux avant et arrière.

L'autobus et le minibus affectés au transport d'écoliers

Les autobus et minibus affectés au transport d'écoliers doivent
être munis de feux intermittents à l'avant et à l'arrière. Ces feux
doivent fonctionner aussi longtemps que les usagers ne sont pas
en sécurité.

Le feu de freinage rouge surélevé

Le propriétaire d'un véhicule de promenade qui désire installer un feu de freinage rouge surélevé à l'arrière, doit le placer au centre, à une hauteur égale ou supérieure à celle des autres feux de freinage placés de chaque côté à l'arrière.

Les phares antibrouillards

Les phares antibrouillards dont on peut munir son véhicule doivent être conformes aux normes établies. Ils seront fixés à l'avant, à hauteur égale, sans jamais être plus hauts que les phares blancs.

■ Les feux clignotants et pivotants

Les feux pivotants ou intermittents sont réservés à certaines catégories de véhicules. Les feux **rouges**, clignotants ou pivotants, sont réservés aux véhicules d'urgence; les **bleus**, aux véhicules de police et les **jaunes**, aux véhicules de service, d'équipement, d'escorte, de déneigement ou d'entretien des chemins.

■Les systèmes de freinage et d'immobilisation

Tout véhicule routier doit être doté d'au moins un système de freins en bon état de fonctionnement, suffisamment puissant pour l'immobiliser rapidement en cas d'urgence et pour le retenir à l'arrêt.

Il est interdit de conduire un véhicule routier dont le système de freins a été modifié ou altéré de façon à en diminuer l'efficacité.

L'agent de la paix qui a des motifs raisonnables de croire que le système de freins d'un véhicule routier ou d'une bicyclette est défectueux ou inopérant peut exiger que ce véhicule soit conduit dans un endroit convenable et retenu aux frais du propriétaire, jusqu'à ce que la situation ait été corrigée.

■Modifications à la ceinture de sécurité

Il est interdit d'enlever ou de faire enlever la ceinture de sécurité fixée aux sièges d'un véhicule routier, de la modifier, de la faire modifier, de la mettre ou de la faire mettre hors d'usage.

■Le détecteur de radar de vitesse

Il est interdit d'installer ou de faire installer un détecteur de radar de vitesse dans un véhicule routier, de le vendre ou de le mettre en vente.

Il est interdit de conduire un véhicule muni de cet appareil. L'agent de la paix qui a des motifs raisonnables de croire à la présence d'un détecteur de radar de vitesse dans un véhicule routier peut obliger ce véhicule à s'immobiliser pour inspection. S'il y trouve l'instrument, il est autorisé à le confisquer aux frais du propriétaire. Il délivre un reçu au conducteur et remet ensuite le détecteur à la Société qui, après un délai de 90 jours, peut en disposer.

■L'avertisseur sonore

Tout véhicule automobile doit être muni d'un avertisseur sonore. On ne doit l'utiliser qu'en cas de nécessité, que ce soit sur les chemins publics, sur les chemins privés ouverts à la circulation publique des véhicules routiers ainsi que sur les terrains de centres commerciaux ou autres terrains où le public est autorisé à circuler.

Seul un véhicule d'urgence peut posséder une sirène (ou un appareil capable de produire un son semblable) et un dispositif de changement des feux de circulation.

Néanmoins, rien n'interdit de recourir à un système d'alarme antivol installé sur un véhicule s'il est conforme aux normes.

L'agent de la paix est autorisé à faire enlever d'un véhicule, aux frais de son propriétaire, une sirène ou tout autre avertisseur sonore semblable, non conforme aux normes édictées par le *Code de la sécurité routière*. L'agent délivre alors un reçu au conducteur et remet ensuite l'appareil à la Société.

∎Le système d'échappement

Le système d'échappement d'un véhicule automobile doit être conforme aux normes.

Dans le cas contraire, il est interdit de vendre ce véhicule ou de le mettre en vente, en vue de son utilisation sur la voie publique.

On ne peut non plus effectuer ou faire effectuer sur un véhicule routier une modification de nature à supprimer ou à réduire l'efficacité du système d'échappement.

∎Le pare-brise, les vitres et la cloison de sécurité

Les vitres et la cloison de sécurité d'un véhicule automobile doivent assurer au conducteur une visibilité parfaite, libre de toute obstruction.

Par exemple, il est interdit d'appliquer ou de faire appliquer sur le pare-brise ou les vitres du véhicule une matière susceptible de nuire à la visibilité, de l'intérieur comme de l'extérieur.

L'agent de la paix peut donc, dans ces cas, exiger du conducteur le nettoyage ou le dégagement des vitres et du pare-brise.

∎Les rétroviseurs

Tout véhicule automobile, autre que la motocyclette et le cyclomoteur, doit être muni d'au moins deux rétroviseurs solidement fixés et placés, le premier à l'intérieur, au centre de la partie supérieure du pare- brise, et l'autre, à l'extérieur, à gauche du véhicule.

Advenant l'impossibilité d'utiliser le rétroviseur intérieur, il faut absolument un rétroviseur extérieur du côté droit du véhicule.

La motocyclette et le cyclomoteur doivent être munis, de chaque côté, d'un rétroviseur solidement fixé.

■ Le compteur kilométrique et l'indicateur de vitesse

Tout véhicule automobile, (sauf le cyclomoteur et la motocyclette dotée d'un moteur d'une cylindrée de 125 cm^3 et moins) doit posséder un compteur kilométrique et un indicateur de vitesse en bon état de fonctionnement.

■ Les pare-chocs

Les pare-chocs fixés au véhicule routier doivent être solidement maintenus à l'endroit prévu à cette fin.

■ Les pneus

Tout véhicule routier doit être muni de pneus conformes aux normes. Les pneus à crampons peuvent être utilisés entre le 15 octobre et le 1er mai.

Toutefois, rouler sur des pneus munis de tout autre objet pouvant endommager la chaussée est illégal.

■ Les garde-boue

À défaut de garde-boue permanents sur un véhicule automobile ou un ensemble de véhicules routiers, on doit installer des garde-boue mobiles en matière résistante et d'une largeur au moins égale à celle de la semelle des pneus. Le tracteur de ferme et la machinerie agricole fabriqués sans garde-boue font exception à cette règle.

■MODIFICATION D'UN VÉHICULE

À moins d'une approbation préalable de la Société, on ne doit apporter aucune modification à un véhicule routier destiné à circuler sur la voie publique, qu'il s'agisse du châssis, de la carrosserie ou d'un mécanisme. Cette interdiction s'applique à tout changement de nature à diminuer la stabilité ou le freinage, ou à transformer un type de véhicule en un autre.

■LA VÉRIFICATION MÉCANIQUE

La Société possède une compétence exclusive en matière de vérification mécanique des véhicules routiers, intervention complétée par la remise de certificats et de vignettes de conformité.

Chaque année, la Société procède ainsi à l'inspection de milliers de véhicules interceptés par les différents services policiers ou d'autres intervenants.

La vérification mécanique se fait dans les locaux de mandataires, accrédités par la Société, situés dans toutes les régions du Québec. Un mandataire est soit une entreprise accréditée pour effectuer la vérification des ses propres véhicules, soit une entreprise qui effectue la vérification mécanique de véhicules légers (3 000 kg et moins) ou de véhicules lourds (plus de 3 000 kg), moyennant rémunération.

L'agent de la paix peut soumettre un véhicule routier à une vérification mécanique s'il a des motifs raisonnables de croire que ce véhicule a été modifié ou qu'il représente un danger. Il peut aussi, à des fins de vérification, remiser ou faire remiser un véhicule, aux frais de son propriétaire.

■Les vérifications mécaniques obligatoires

Le *Règlement sur la vérification mécanique et sur les normes de sécurité des véhicules routiers* détermine la fréquence de la vérification mécanique pour les véhicules suivants :

- les véhicules utilisés à des fins d'enseignement par une école de conduite ;
- les véhicules d'urgence ;
- les taxis, les autobus et les minibus ;
- les véhicules modifiés dans le but d'utiliser un carburant différent de celui que recommande le fabricant ;
- les véhicules destinés principalement au transport de biens dont la masse nette est supérieure à 3 000 kg ;
- les véhicules modifiés, de fabrication artisanale ou montés par un recycleur, de même que tout autre véhicule jugé dangereux par un agent de la paix ;
- les véhicules accidentés acquis par un assureur et reconstruits pour circuler à nouveau ;
- tout autre véhicule déterminé par règlement ou par le ministre des Transports.

Si le véhicule est conforme, la Société, ou son mandataire, délivre un certificat de vérification mécanique et une vignette de conformité.

Quand la vérification met au jour des défectuosités mineures, le propriétaire ou le conducteur se voit remettre un avis l'enjoignant d'effectuer ou de faire effectuer les réparations dans un délai de 48 heures, à défaut de quoi l'avis devient une contravention et le véhicule ne peut être remis en circulation.

Advenant des défectuosités majeures, le véhicule ne peut reprendre la route tant et aussi longtemps qu'il ne sera pas conforme aux normes prescrites.

■FAIRE SON «AUTOSPECTION»

À l'approche de l'hiver ou du printemps, avant de partir en vacances ou d'entreprendre un long trajet, le conducteur avisé peut lui-même repérer les points faibles de son véhicule et confier ce dernier à un garagiste pour faire exécuter les réparations nécessaires.

Être attentif aux différents bruits ou autres défectuosités pouvant affecter sa voiture est une habitude facile à prendre pour gagner du temps, économiser de l'argent et s'éviter éventuellement de nombreux ennuis. En conséquence, à l'occasion de vos propres inspections régulières, votre examen pourra porter avec profit sur les points qui suivent.

Les freins

Les freins sont-ils bruyants? La pression sur la pédale donne-t-elle un résultat immédiat? Percevez-vous un bruit de frottement métallique? Votre véhicule a-t-il tendance à se déplacer vers la gauche ou la droite lorsque vous freinez; ou encore, à s'arrêter lentement malgré une forte pression sur la pédale de frein?

Le frein de stationnement

Le frein de stationnement retient-il complètement votre véhicule au démarrage ou dans une pente?

Les rétroviseurs

Les deux rétroviseurs requis sont-ils solidement fixés? Sont-ils fissurés, écaillés ou ternis, obstruant ainsi la vision?

Avez-vous réglé comme il convient leur position, de façon à bien voir?

La direction

L'usure des pneus avant est-elle irrégulière? Remarquez-vous un jeu excessif du volant, une tendance marquée de la voiture vers la droite ou la gauche? Éprouvez-vous des problèmes de maniabilité? Voilà des signes suffisants pour vous inciter à faire vérifier et régler avec soin votre système de direction. Faites examiner la géométrie du train avant au moins une fois l'an et chaque fois que vous le croyez déréglé par un choc sérieux.

Le pare-brise

Quel est l'état de votre système d'essuie-glace et de votre lave-glace? Vous garantissent-ils une parfaite visibilité en tout temps? Savez- vous que des essuie-glaces défectueux peuvent endommager votre pare- brise?

Les pneus

Examinez régulièrement les pneus. Leur usure est-elle inégale ou anormale? Peut-être cette anomalie est-elle attribuable à une pression incorrecte, ou à la rotation irrégulière des pneus, à des défauts de parallélisme ou d'équilibrage des roues, ou encore, tout simplement à vos mauvaises habitudes de conduite.

Le système d'échappement

Constatez-vous des fuites de votre silencieux ou de d'autres parties de votre système d'échappement? Les défectuosités se détectent généralement à l'oreille; en effet, une augmentation du bruit du moteur dénote souvent un bris du système.

Les feux et les phares

Les feux et les phares sont-ils en bon état et dégagés de toute matière obstruante?

La ceinture de sécurité

Avez-vous examiné votre ceinture de sécurité pour déceler toute coupure ou rupture des fibres et évaluer l'état des points d'ancrage et de fixation?

Les courroies

Savez-vous que le bon état de vos courroies est aussi important pour votre sécurité que pour la durée du moteur? En effet, le véhicule à direction assistée dont la courroie cède subitement devient difficile à conduire, voire dangereux.

La tension en est-elle correcte? Vérifiez si les courroies sont fendillées, si leur tissu s'effiloche ou présente des déchirures.

Les amortisseurs

Votre véhicule a-t-il tendance à rebondir exagérément après la traversée de trous ou le passage de cahots? Est-il très sensible aux vents latéraux? Il se peut alors que les amortisseurs soient défectueux.

Pour le vérifier, il vous suffit d'appuyer fortement sur un coin de votre véhicule et de relâcher. Le coin doit remonter pour reprendre sa position initiale. Mais s'il rebondit à deux ou trois reprises, l'amortisseur est défectueux. Répétez cet essai à chaque coin du véhicule.

L'état de la carrosserie

La carrosserie présente-t-elle des arêtes vives? Toutes ses composantes sont-elles solidement fixées et en bon état de fonctionnement? Attention aux perforations du plancher, en particulier en dessous du coffre; elles peuvent permettre l'infiltration, toujours toxique, des gaz d'échappement.

CHAPITRE

4

LA SIGNALISATION ROUTIÈRE

La signalisation routière doit, en vertu du *Code de la sécurité routière*, être conforme aux normes établies par le ministre des Transports. Elle vise à assurer la sécurité des usagers de la route et à accroître l'efficacité de la circulation des véhicules routiers.

La signalisation routière du Québec comporte des panneaux de signalisation, des signaux lumineux et des marques sur la chaussée. Elle constitue un langage visuel que tous les usagers de la route doivent connaître et bien comprendre pour leur propre sécurité et celle des autres.

■PANNEAUX DE SIGNALISATION
• • • • • • • • • • • • • • • •

■Catégories de panneaux

La signalisation de prescription

Elle indique aux usagers de la route les obligations et les interdictions auxquelles ils doivent se conformer.

La signalisation d'information

Elle informe de la configuration particulière d'un chemin ou de l'existence d'une aire réservée à des manœuvres d'urgence.

La signalisation de danger

Elle attire l'attention des usagers de la route aux endroits où ils doivent redoubler de prudence en raison d'obstacles ou de points dangereux sur la route ou à ses abords.

La signalisation d'indication

Elle donne à l'usager des indications sur une destination, une distance, une direction, un nom de rue, un point d'intérêt ou des services.

La signalisation de travaux

Elle signale la présence de travaux de construction ou d'entretien effectués sur un chemin public ou à ses abords.

Formes et couleurs des principaux panneaux

Catégorie	Forme	Couleur	Remarques
Prescription et information		rouge	réservé à l'arrêt
		rouge	réservé au panneau cédez le passage
		bleu	réservé à la zone scolaire
		noir	au-dessus des voies
		blanc	au sol
		blanc	au sol
		noir	réservé au sens unique

Catégorie	Forme	Couleur	Remarques
		jaune	réservé au danger
		orange	réservé aux travaux
Danger et travaux		jaune	danger
		orange	travaux
		jaune	danger
		orange	travaux

Catégorie	Forme	Couleur	Remarques
Indication		bleu	réservé aux autoroutes
		vert	réservé aux routes
		vert	autoroutes, routes et voies cyclables
		brun	services et points d'intérêts
		vert	autoroutes, routes et voies cyclables
		bleu	équipement touristique
		brun	services et points d'intérêts
		jaune	réservé aux sorties d'autoroute

■ Les symboles

Dans le but de faciliter la lecture et la compréhension des signaux routiers, on utilise des symboles qui remplacent les inscriptions autrement nécessaires. Les principaux symboles utilisés sont les pictogrammes, les sigles et les silhouettes. Les inscriptions qui ne peuvent être remplacées par des symboles sont simplifiées.

La flèche

La flèche est utilisée pour déterminer les espaces touchés par la réglementation, pour annoncer un prochain message et pour indiquer les hauteurs libres, les voies à suivre ou à utiliser, les changements de direction, les manœuvres et les destinations.

La silhouette

La silhouette signifie que des êtres et des choses sont touchés par la réglementation; elle indique la configuration des lieux, encourage l'usager à redoubler de vigilance et communique des renseignements.

Le symbole d'interdiction

Ce symbole, constitué d'une couronne rouge et d'une barre diagonale de même couleur, indique que tout ce qui figure à l'intérieur fait l'objet d'une interdiction.

Le symbole d'obligation

Ce symbole, constitué d'une couronne verte, indique que tout ce qui figure à l'intérieur fait l'objet d'une obligation.

■ DÉSIGNATION ET SIGNIFICATION DES PANNEAUX DE SIGNALISATION ROUTIÈRE

■ Signalisation de prescription

1 **Arrêt**

Indique l'obligation d'arrêter à une intersection

Indique la présence d'un panneau ARRÊT pour chacune des approches d'une intersection

---

2 **Cédez le passage**

Indique l'obligation de céder le passage aux véhicules qui circulent sur une route prioritaire

Indique l'obligation de céder le passage aux véhicules circulant en sens inverse

---

3 **Entrée interdite**

Indique que l'accès à une route ou à une voie de circulation est interdit à toutes les catégories de véhicules

Ce panneau accompagne à certains endroits le panneau d'entrée interdite

4 **Ligne d'arrêt**

Indique l'emplacement d'une ligne d'arrêt sur la chaussée, où les véhicules doivent s'arrêter

5 **Limite de vitesse**

Indique la limite de vitesse maximale autorisée

Indique les limites de vitesse maximale et minimale autorisées

6 **Sens unique**

Indique l'obligation de circuler sur un chemin dans le sens indiqué

7 **Début de sens unique**

Indique, sur un chemin à deux sens de circulation, le début de la circulation dans un sens seulement

8 **Circulation dans les deux sens**

Indique qu'une chaussée à sens unique devient une chaussée à circulation dans les deux sens

9 **Contournement d'obstacle**

Indique la présence d'un obstacle qui doit être contourné par la droite

Indique la présence d'un obstacle qui doit être contourné par la gauche

10 **Direction des voies**

A **Panneaux installés au-dessus des voies qui obligent à:**

Aller tout droit

Tourner à droite

Tourner à gauche

Aller tout droit ou
tourner à droite

Aller tout droit ou
tourner à gauche

Tourner à droite ou
à gauche

Tenir compte du
fait que des voies
sont réservées aux
virages à gauche,
dans les deux sens
de la circulation

B   **Panneaux installés en bordure
de la chaussée qui <u>obligent</u> à :**

Aller tout droit dans la voie de
droite; tourner à gauche dans
la voie de gauche.

Tourner à droite dans la voie
de droite; aller tout droit dans
la voie de gauche.

Aller tout droit dans la voie de
droite; aller tout droit ou tourner à gauche dans la voie de
gauche.

Aller tout droit ou tourner à
droite dans la voie de droite;
aller tout droit dans la voie de
gauche.

Aller tout droit ou tourner à droite dans la voie de droite; tourner à gauche dans la voie de gauche

Aller tout droit ou tourner à gauche dans la voie de droite; tourner à gauche dans la voie de gauche

Tourner à droite dans la voie de droite; aller tout droit ou tourner à droite dans la voie de gauche

Aller tout droit dans la voie de droite et la voie centrale; tourner à gauche dans la voie de gauche

Tourner à droite dans la voie de droite; aller tout droit dans la voie centrale et la voie gauche

Tourner à droite dans la voie de droite

Tourner à droite dans les deux voies de droite

Tenir compte du fait que des voies sont réservées aux virages à gauche, dans les deux sens de la circulation

Manœuvre obligatoire ou interdite à certaines intersections

 Ces panneaux indiquent l'obligation de:

Aller tout droit

Tourner à gauche

Tourner à droite

Aller tout droit ou tourner à droite

Aller tout droit ou tourner à gauche

Tourner à droite ou à gauche

B Ces panneaux indiquent qu'il est interdit de:

Aller tout droit

Tourner à gauche

Tourner à droite

Faire demi-tour

EXCEPTÉ
VÉHICULES
AUTORISÉS

h - h
LUN à VEN

16h - 18h
LUN À VEN
EXCEPTÉ TAXIS

Indiquent que l'obligation ou l'interdiction de manœuvres est d'une durée temporaire ou ne s'appliquent pas à certaines catégories de véhicules

---

12 Trajet obligatoire pour certaines catégories de véhicules

Ces panneaux indiquent la ou les routes que les conducteurs de certains types de véhicules doivent emprunter.

Camions   Motocyclettes   Automobiles   Transporteurs
                                                   de matières
                                                   dangereuses

Bicyclettes, autobus ou taxis   Bicyclettes

---

13 Accès interdit

Ces panneaux indiquent les chemins ou les voies dont l'accès est interdit à certains usagers de la route ou à certains types de véhicules.

Camions   Camions (dans une   Transporteurs
                 voie)   de matières
                                       dangereuses

Automobiles   Motocyclettes   Bicyclettes

Automobiles et
motocyclettes

Automobiles et
bicyclettes

Véhicules tout
terrain

Piétons

Piétons et
motocyclettes

Piétons et
bicyclettes

Cavaliers

---

14 **Interdiction de dépasser**

Indique le début d'une zone où
le dépassement est interdit

Ce panonceau peut compléter
le panneau indiquant la fin
d'une zone de dépassement
interdit.

15 Stationnement réglementé

Ce type de panneaux indique les endroits où le stationnement est interdit ou autorisé. Différents symboles ou inscriptions précisent la réglementation qui s'applique en fonction des catégories de véhicules, des minutes, des heures, des jours, des mois ou de l'étendue de la zone.

Ce panonceau est installé sous les panneaux de stationnement réglementé lorsque le véhicule en infraction peut être remorqué.

16 Arrêt interdit

Indique qu'il est interdit d'arrêter à l'endroit signalé par le panneau. Peut comporter le même type de flèches et d'inscriptions que les panneaux de stationnement réglementé.

17 Intersection avec chaussée séparée

Indiquent la rencontre d'un chemin avec un autre comportant une chaussée séparée par un terre-plein

18 Exemption d'arrêt à un passage à niveau

Indiquent aux conducteurs des véhicules qui ont l'obligation d'arrêter à un passage à niveau qu'ils en sont exempts

19 Limitation de poids

UN VÉHICULE
À LA FOIS

Ce panneau indique au conducteur de toute catégorie de véhicules routiers, dont le poids total en charge dépasse le poids maximal inscrit sur le panneau, qu'il ne peut emprunter certains ponts ou viaducs.

Ce panonceau, placé sous le panneau précédent, indique la distance à parcourir de l'intersection vers le pont ou le viaduc visé par la limitation de poids.

Ce panonceau, placé sous le panneau de limitation de poids, indique que la structure du pont ou du viaduc ne peut supporter plus d'un des véhicules routiers visés par le panneau.

Indiquent au conducteur qu'il lui est interdit de circuler sur un chemin lorsque la charge ou la longueur de son véhicule excède les limites maximales autorisées sur ce chemin, sauf s'il y circule afin de prendre ou de livrer un bien

---

20 Dégel

Indique l'obligation de respecter les restrictions de charge totale fixées par règlement, durant les périodes de dégel

---

21 Voie pour véhicules lents

Indique l'obligation pour le conducteur d'un véhicule lent de prendre la voie de droite

---

22 Vérification des freins

Indique au conducteur d'un véhicule routier, dont le poids total en charge est de 3 000 kg et plus, l'obligation de vérifier lui-même l'état des freins de son véhicule en effectuant un arrêt à l'endroit indiqué par un panneau d'arrêt

Indique que l'obligation ne s'applique qu'à certaines catégories de véhicules et rappelle la distance pour atteindre l'entrée de l'aire de vérification

23 Poste de contrôle du transport routier

Indique la présence d'un poste de contrôle pour véhicules lourds, dont la masse nette est supérieure à 3 000 kg, à l'exception d'un autobus ou d'un minibus.

Ces panonceaux indiquent la distance, la direction et le fonctionnement (ou non) du poste de pesée.

Indique l'obligation de s'arrêter au poste de contrôle quand les feux fonctionnent

Indique la direction que doit prendre un véhicule selon qu'il est vide ou chargé

24 Voie réservée

Le macle blanc (symbole ayant la forme d'un losange allongé) situé dans le coin supérieur gauche du panneau et placé sur un fond rouge ou noir indique le sens de la circulation sur une voie réservée.

Indique que, dans une voie réservée, la circulation se fait à contre-sens

Indique que, dans une voie réservée, les véhicules se déplacent dans le sens de la circulation

Indiquent qu'une voie de circulation est réservée à certaines catégories de véhicules utilisés à des fins particulières

Indique la fin des voies réservées

Le symbole du covoiturage est un chiffre sur la silhouette d'un véhicule. Il indique le nombre minimal de personnes qu'un véhicule doit transporter pour être autorisé à emprunter la voie réservée.

25 **Début d'une zone scolaire**

Indique la présence d'une zone scolaire, où il est interdit de circuler à une vitesse excédant 50 km/h, lors de l'entrée ou de la sortie des élèves

26 Passage

Ce type de panneau indique la présence, sur un chemin public, d'un endroit où peuvent traverser des personnes, des véhicules ou des animaux de ferme.

Passage pour piétons

Passage pour écoliers

Passage pour enfants près d'un terrain de jeux

Passage pour personnes handicapées

Passage pour personnes aveugles

Passage pour cyclistes

Passage pour piétons et cyclistes

Passage pour camions

Passage pour motoneiges

Passage pour véhicules tout terrain

Passage pour cavaliers

Passage pour animaux de ferme

27 Commande pour feu de piétons et de cyclistes

Les deux premiers panneaux indiquent aux piétons et aux cyclistes qu'ils doivent appuyer sur le bouton pour obtenir le feu qui les autorise à traverser. Le troisième indique aux cyclistes qu'ils doivent traverser en même temps que les piétons.

28 Port de la ceinture de sécurité

Indique l'obligation de porter la ceinture de sécurité

29 Défense de jeter des ordures

Indique qu'il est interdit de jeter des ordures

Indique le montant de l'amende à payer en cas d'infraction

■Signalisation d'information

1 Chevron d'alignement

Indique un changement dans l'alignement horizontal de la route

2 Contournement d'obstacle

Indique la présence d'un obstacle qui doit être contourné indifféremment par la droite ou par la gauche

3 Limitation de hauteur

Indique la hauteur libre des ponts ou des viaducs

4 Rampe de détresse

Indique l'approche d'une pente particulièrement raide comportant un lit d'arrêt

Indique l'existence d'un lit d'arrêt permettant l'immobilisation en toute sécurité d'un véhicule dont le système de freinage est devenu inefficace

5   **Remorquage exclusif**

Indique que le remorquage, sur une section d'un chemin public, est réglementé et réservé exclusivement au remorqueur dont le numéro de téléphone apparaît sur le panonceau

■Signalisation de danger

1   **Signal avancé d'arrêt**

Annonce l'approche d'un panneau ARRÊT

2   **Signal avancé de Cédez le passage**

Annonce l'approche d'un panneau Cédez le passage

Annonce l'approche d'un panneau obligeant à céder le passage à la circulation inverse

3 Nouvelle signalisation

Ce type de signalisation prévient d'un changement des dispositifs de contrôle de la circulation à une intersection.

Indique la date à laquelle le panneau ARRÊT sera enlevé

Indique la date à laquelle le panneau ARRÊT sera installé

Montrent la position des panneaux d'arrêt installés à une intersection. Ils sont accompagnés du panonceau nouvelle signalisation.

4 Signal avancé de feu de circulation

Annonce l'approche de feux de circulation à une intersection

5 Préparez-vous à arrêter

Annonce l'approche d'une intersection avec feux de circulation. Le clignotement des feux jaunes indique au conducteur que le feu, à l'intersection, passera au rouge avant qu'il n'atteigne celle-ci.

6 Signal avancé de limitation de vitesse

Annonce l'approche d'une zone où la vitesse permise est diminuée d'au moins 30 km/h

7 Circulation dans les deux sens

Annonce l'approche d'une zone où la circulation s'effectue dans les deux sens

8 Chaussée séparée

Prévient le conducteur qu'il approche d'une chaussée séparée où le contournement doit se faire uniquement par la droite

Prévient le conducteur que le contournement peut se faire par la gauche ou par la droite

Prévient le conducteur de la fin de la chaussée séparée

9 Signal avancé de direction des voies

VOIES DE
DROITE

Ce type de panneau signale à l'avance dans quelle voie le conducteur doit éventuellement se ranger pour aller tout droit ou pour tourner.

10 Virage

Annonce une courbe vers la gauche

Annonce une courbe prononcée vers la gauche

Annonce deux courbes qui se succèdent en directions opposées

Annonce deux cour-
bes prononcées qui
se succèdent en
directions opposées

Annonce cinq cour-
bes ou plus se suc-
cédant à moins de
150 m l'une de
l'autre

Annonce un virage
dont l'angle de
déviation est supé-
rieur à 90°

Panonceau indi-
quant la vitesse
recommandée dans
les courbes

Note : On trouve également le même type de panneaux pour
annoncer une courbe vers la droite.

---

11 **Vitesse recommandée**

SORTIE
55
km / h

Indique la vitesse recommandée dans les voies de sortie
d'une autoroute

12 **Flèche directionnelle**

Annoncent la présence d'un point particulièrement dangereux dans une courbe en coude ou à une intersection en forme de T

13 **Voie convergente**

Indique l'approche d'une ou de plusieurs voies convergentes

Indique l'approche d'une voie convergente réservée aux autobus

14 **Voie parallèle**

Indique au conducteur qu'il y a une ou plusieurs voies distinctes pour la circulation adjacente et qu'il peut poursuivre son chemin sans changer de voie

15 Intersection

Annonce une intersection en forme de croix

Annonce une intersection en forme de T

Indiquent la direction de la route affluente telle qu'elle apparaît au conducteur

Annonce une bifurcation en Y

Annonce une intersection en forme de T dans un virage

Annoncent le croisement d'une chaussée séparée par un terre-plein

Annoncent un passage à niveau situé à au plus 50 mètres d'une intersection en milieu urbain et à au plus 125 mètres en milieu rural

16 **Signal avancé de passage à niveau**

Annoncent l'approche d'un passage à niveau traversant un chemin et montrent l'angle de la voie ferrée par rapport à ce chemin

17 **Signal avancé de limitation de hauteur**

Indique, à l'avance, la hauteur libre des ponts et des viaducs

18 Passage étroit

Indique que la largeur de la chaussée d'un pont ou d'un tunnel est moindre qu'à leurs abords

Indique que la chaussée a au plus 5,5 mètres de largeur

19 Chaussée rétrécie

Ces panneaux indiquent que la largeur de la chaussée est diminuée sans qu'il y ait réduction du nombre de voies de circulation.

Rétrécissement des deux côtés

Rétrécissement par la droite

Rétrécissement par la gauche

20 Perte de voies

Ces panneaux annoncent que le nombre de voies de circulation dans le même sens est réduit.

Ce panonceau indique à quelle distance la perte de voie est située.

---

21 **Pente raide**

Annonce le pourcentage maximal d'une pente

Annonce qu'une pente a une longueur supérieure à un kilomètre

---

22 **Visibilité restreinte en zone agricole**

Avertit que la visibilité est restreinte en zone agricole

---

23 **Signal avancé de voie réservée**

Annonce l'approche d'une voie réservée à certaines catégories de véhicules. Le clignotement des feux signale que la prescription est en vigueur et le panonceau indique la période pendant laquelle elle l'est.

24 Signal avancé d'arrêt d'autobus d'écoliers

Avertit de la présence possible d'un autobus d'écoliers immobilisé pour faire monter ou descendre des écoliers

25 Signal avancé de passage

Ce type de panneau annonce l'approche d'un passage pour certaines catégories d'usagers, de véhicules ou d'animaux.

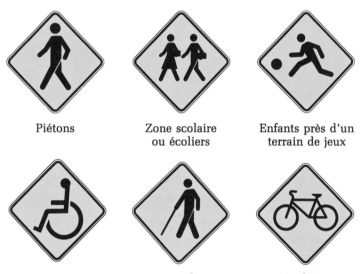

Piétons	Zone scolaire ou écoliers	Enfants près d'un terrain de jeux
Personnes handicapées	Aveugles	Cyclistes

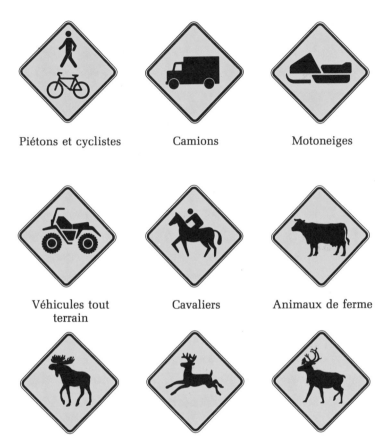

Piétons et cyclistes   Camions   Motoneiges

Véhicules tout   Cavaliers   Animaux de ferme
terrain

Préviennent de la présence possible d'animaux sauvages

---

26   **Signal avancé de chaussée désignée**

Annonce le changement d'une
bande ou d'une piste cyclable
en chaussée désignée, ou
avertit de l'approche d'une
chaussée désignée

27 Chaussée désignée

Indique aux cyclistes et aux conducteurs qu'ils circulent conjointement sur une chaussée désignée comme voie cyclable

28 Fin d'une voie ou d'un chemin

Marque l'endroit où prend fin une voie ou un chemin

29 Balise de danger

Ce type de panneau annonce la présence d'obstacles sur la chaussée ou sur les accotements, ainsi que les rétrécissements d'un chemin.

A Balise à chevrons

Indique au conducteur qu'il doit passer à droite ou à gauche des obstacles

B **Balise à bandes obliques** (Les bandes jaunes et les bandes noires sont inclinées à un angle de 45° vers la partie de la chaussée à emprunter).

Indique au conducteur qu'il doit contourner l'obstacle par la droite

Indique au conducteur qu'il doit contourner l'obstacle par la gauche

---

30 **Délinéateur**

Installé du côté gauche

Installé du côté droit

Sert à délimiter un obstacle ou le tracé d'un chemin, notamment dans une courbe ou dans les rétrécissements d'un chemin

---

31 **Chaussée glissante**

Prévient le conducteur que la chaussée risque d'être glissante à certains endroits quand elle est mouillée

Prévient le conducteur que la chaussée, située en bordure d'un cours d'eau, peut être glissante lorsque mouillée par les embruns

Prévient le motocycliste que la chaussée risque d'être particulièrement glissante quand elle est mouillée.

32　Chaussée glacée

Prévient le conducteur que la chaussée d'un chemin, d'un pont ou d'un viaduc peut être glacée ou givrée lorsque la température est aux environs du point de congélation

33　Chaussée inondée

Prévient le conducteur qu'un chemin est recouvert d'eau à certains endroits

34　Changement dans l'état d'une chaussée

Indique l'approche d'une chaussée rainurée ou, sur un pont, d'une chaussée en treillis métallique

35　Fin d'un revêtement

Annonce la fin d'une chaussée avec revêtement et le commencement d'une autre en gravier ou en terre

36 Chaussée cahoteuse

Annonce que la chaussée présente des déformations à certains endroits

37 Risque de chute de pierres

Prévient de la possibilité de chute de pierres ou de terre se détachant d'un sol friable, en pente, le long d'une voie de circulation

38 Risque de brouillard

Prévient de la présence possible de brouillard; le clignotement des feux signale la présence de brouillard

39 Zone de vent

Annonce qu'un chemin traverse une zone de vents particulièrement violents

Sport

Prévient du déroulement d'une activité sportive sur un chemin public

■ Signalisation d'indication

A) Routes

1 Identification des routes

Route

Autoroute

Indique le nom officiel de l'autoroute

Identifie la route transcanadienne

2 Jonction

Panonceau qui annonce l'inter-section d'une route numérotée

Indique la distance à parcourir jusqu'à l'intersection qu'il faut emprunter pour atteindre une destination donnée

3 Flèche de direction

A Signalisation avancée de direction

Indiquent qu'une route numérotée change de direction à la prochaine intersection

B Signalisation de direction

Indiquent l'orientation générale des routes numérotées; l'orientation des flèches varie selon la direction à suivre.

4 Points cardinaux

Indiquent l'orientation générale de la route

5 Fin de route

Indique la fin d'une route numérotée

6 Route sans issue

CUL-DE-SAC

Indique une route ou une rue sans issue

7 Aéroport

Indique la présence et la direction d'un aéroport où les arrivées et les départs sont à horaire fixe

Indique la présence et la direction d'un aéroport

Indique une hydrobase

Indique un héliport

Indique le nom d'un aéroport et la direction à suivre pour l'atteindre

---

8 **Traverse**

Indique le chemin conduisant au quai d'un traversier pour véhicules, le point de départ et d'arrivée du traversier, le kilométrage ou la direction à suivre pour atteindre le quai

Indique que les traversées ne sont que saisonnières

---

9 **Poste de police**

Indique la présence d'un poste de la Sûreté du Québec

Indique la présence d'un poste de police autre que la Sûreté du Québec

10 Aire de stationnement

Indique une aire de stationnement

Indique aux usagers de la route un aménagement permettant de stationner leur véhicule afin de circuler à bicyclette sur la voie cyclable connexe

11 Poste d'assistance médicale

Indiquent la proximité d'un hôpital ou d'un poste de secours ouvert 24 heures par jour, qui possède un service d'urgence du type hospitalier

12 Priorité de virage au clignotement du feu vert

PRIORITÉ DE
VIRAGE AU
CLIGNOTEMENT
DU FEU VERT

Indique que le feu vert a une séquence de clignotement qui accorde la priorité de virage

13 Limite territoriale

Indique la frontière aux principales entrées du Québec

Indique la frontière du Québec sur les routes non numérotées

Indique les limites territoriales d'une agglomération

14 Borne kilométrique

Indiquent la distance parcourue à partir du point d'origine

Indique le début et la fin d'une route isolée

15 Signalisation de direction

Indiquent la direction des localités importantes

16 **Rappel de distance**

Confirment la direction et indiquent la distance à parcourir pour atteindre l'une ou l'autre des agglomérations

17 **Gare**

Indique la présence d'une gare

Indique le nom ou la direction de la gare ou la distance à parcourir pour l'atteindre

18 **Route sans services**

Indique au conducteur qui circule sur une route isolée la distance qui le sépare du prochain service de carburant

19 Vol à basse altitude

Ces panneaux indiquent que des manœuvres d'aéronefs ont lieu à moins de 300 mètres de la route.

Pour les aéroports où les arrivées et les départs sont à horaire fixe

Pour les autres aéroports

Pour les hydrobases

Pour les héliports

20 Lieu d'enfouissement sanitaire

Indique l'existence d'un lieu d'enfouissement sanitaire

21 Aire d'attente

Indique l'endroit spécifique d'une station de transport en commun où le conducteur peut attendre ou aller chercher un passager

22   **Nom de rue**

Indiquent le nom des rues

23   **Pont**

Indique la présence et le nom des ponts apparaissant sur les cartes routières

24   **Stationnement d'urgence**

Indique l'existence, sur une autoroute, d'un stationnement réservé aux situations d'urgence

25   **Téléphone de secours**

Indique l'existence d'un téléphone de secours

B) Autoroutes

1 Indication symbolique

Indique rapidement au conducteur la manœuvre requise aux abords d'un échangeur complexe comportant plusieurs sorties

2 Présignalisation de sortie

Indique au conducteur le numéro de la route qu'il va rejoindre, les principales destinations desservies par l'échangeur, ainsi que le numéro de la sortie et la distance à parcourir pour l'atteindre

3 Direction de sortie

Répète les informations figurant sur le panneau précédent et indique par une flèche le début de la voie de décélération de l'échangeur

4 Confirmation de sortie

Indique le début de la bretelle de sortie, son orientation et le numéro de la sortie

---

5 Présignalisation de plusieurs sorties

Indiquent qu'une autoroute longe une municipalité desservie par plusieurs échangeurs successifs et donnent le nombre de sorties pour l'atteindre. Un panneau précise le nom de la rue que chaque sortie permet de rejoindre.

---

6 Voie exclusive de sortie

Indiquent qu'une voie de circulation conduit directement vers la rampe de sortie d'une autoroute

---

7 Fin de voies rapides et d'autoroutes

ou

Voies rapides   Autoroute

Informent de la distance qu'il reste à parcourir avant la fin des voies rapides ou de l'autoroute et indiquent la configuration de la route

8 **Surveillance aérienne**

Indique que la route fait parfois l'objet d'une surveillance aérienne

C) Services et points d'intérêt

1 **Information touristique**

Ces panneaux indiquent l'emplacement d'un poste d'information touristique et la distance à parcourir pour l'atteindre

Poste frontalier

Poste régional

Poste municipal

Poste local ou municipal et distance à parcourir pour l'atteindre

2 Halte routière

Indique l'emplacement d'une halte routière et s'accompagne de panonceaux informant de la direction et de la distance à parcourir pour l'atteindre

Indique l'emplacement d'une halte routière exploitée par le gouvernement du Québec. Les services sont indiqués par des symboles appropriés.

3 Parc

Indique que la route d'accès est à 1 km

Indique la route d'accès et la distance à parcourir pour l'atteindre

Rappel de distance

Indique l'entrée du parc

Note:

Les mêmes types de panneaux servent à identifier les centres d'interprétation de la nature, les réserves fauniques ainsi que les sites d'intérêt historique et touristique. Dans les cas de parcs ou de sites relevant du gouvernement fédéral, la fleur de lys est remplacée par le symbole du castor.

4 **Équipement touristique**

Indiquent la proximité d'un équipement touristique, la route d'accès, la distance à parcourir pour l'atteindre ainsi que l'entrée

5 **Lac de villégiature**

Indique l'existence d'un lac de villégiature à moins de 10 kilomètres de la route

6 **Lac, rivière et attrait géographique**

Ce type de panneau sert à indiquer le nom des lacs, des rivières, des monts, des chutes et des barrages-réservoirs visibles de la route.

7 **Pont couvert**

Indique la présence d'un pont couvert

8   Belvédère

Indique l'existence d'une terrasse aménagée dans un lieu où le paysage est remarquable

9   Services

Ces panneaux indiquent la proximité d'une station-service et le type de carburant qu'on peut s'y procurer.

Essence

Essence et carburant diesel

Essence et gaz propane

Essence et gaz naturel

Essence, carburant diesel et gaz propane

Essence, carburant diesel, gaz propane et gaz naturel

Ce panneau indique la proximité d'un établissement offrant des services de restauration.

** Route des pionniers**

Indique la route des pionniers

** Altitude**

Indique l'altitude de la route à
cet endroit par rapport au
niveau de la mer

■Signalisation de travaux

Les panneaux de signalisation de travaux sont à fond orange.
Ils peuvent être accompagnés de panneaux de signalisation de
prescription, d'information et de danger. Dans ce cas, le fond
des panneaux de signalisation de danger ainsi que celui du panneau de limite de vitesse sont également de couleur orange.

Barrières

Lorsque des travaux sont en
cours, les barrières servent à
fermer, en tout ou en partie, un
chemin à la circulation. Elles
sont placées au début de l'aire
de travail.

Repères visuels

Les repères visuels servent à délimiter l'aire de travail (espace
où sont exécutés les travaux) ainsi que le biseau (rétrécissement
oblique d'une voie de circulation précédant l'aire de travail).
Ils servent à indiquer la direction à suivre ou des travaux de
marquage en cours, ou encore à canaliser la circulation.

Chevron de direction

Repère à peinture

Balise des travaux

Cône de signalisation

Fusée de sécurité

---

1 **Panneau du signaleur**

Verso

Recto

Indique l'obligation d'arrêter ou de ralentir, quand utilisé par un signaleur

---

2 **Distance à parcourir avant d'atteindre l'aire de travail**

Indique à quelle distance de ce panneau se trouve une aire de travail

3 Étendue et fin des travaux

Indique l'étendue, en kilomètres, de l'aire de travail

Indique la fin d'une aire de
travail

4 Signaux avancés de travaux

Ces panneaux indiquent la présence d'une aire de travail où sont
effectués différents types de travaux

Hommes au travail   Arpentage   Travaux en hauteur

Travaux mécanisés   Est utilisé lorsque les travaux sont effectués
sur une distance supérieure à 2 kilomètres

5 **Signal avancé d'un signaleur**

Annonce la présence d'un signaleur dirigeant la circulation

6 **Signaux du signaleur**

Ordre d'arrêter

Ordre de circuler

Ordre de ralentir

7 **Limitation de vitesse**

Ce panneau a un caractère de prescription. Il indique la vitesse maximale autorisée à proximité d'une aire de travail.

8   **Endroit temporairement fermé à la circulation**

Ce type de panneau indique qu'un endroit est fermé temporairement à la circulation.

9   Détour

Indiquent la direction de la voie de déviation prévue en raison des travaux

Indiquent, à l'avance, le trajet à emprunter en raison de la fermeture d'une voie de circulation ou d'une sortie

10   **Fusion de voies**

Indiquent qu'une des voies de circulation est temporairement fermée et qu'il faut emprunter celle qui est demeurée ouverte

11   Déviation de voie

Ce type de panneau indique à l'avance que la circulation est déviée en raison de travaux.

12   Flèche oblique

Indique, au début du biseau, la direction à suivre

13   Chevron de danger

Indique la présence d'un obstacle sur la chaussée, lequel peut être contournée par la droite ou par la gauche

14 **Accotement surbaissé**

Annonce la présence d'une
dénivellation entre la chaussée
et l'accotement

15 **Dynamitage**

Indique la proximité d'une
zone de dynamitage et invite le
conducteur à fermer son
émetteur

16 **Peinture fraîche**

Prévient que des travaux de
marquage sont effectués

17   **Enquête de circulation**

Prévient de la présence
d'enquêteurs sur un chemin

18   **Dégagement horizontal**

Indique, lorsqu'une charpente
temporaire est érigée, qu'une
aire de travail occupe partielle-
ment la chaussée et que
l'espace accessible à la circulation est inférieur à la distance
indiquée sur le panneau

19   **Projection de granulats**

Indique que des granulats peuvent être projetés pendant
l'exécution de travaux de trai-
tement de surface

20 **Panneaux pouvant être installés lors de travaux de construction ou d'entretien**

Chaussée cahoteuse

Chaussée glissante

Signal avancé de passage de camions

Signal avancé d'arrêt

Circulation dans les deux sens

Chaussées séparées

Chaussée rétrécie des deux côtés

Chaussée rétrécie du côté droit

Fin de revêtement

Changement d'état de la chaussée

Fin d'une voie ou d'un chemin

Flèche direction- nelle

Déviation de 2 voies à gauche et à droite

Sortie barrée

Vitesse recommandée

■SIGNAUX LUMINEUX

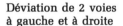

Par signaux lumineux, on entend tous les feux qui dirigent les usagers de la route. Ce sont les feux de circulation, les feux clignotants, les feux de piétons, les feux de cyclistes, les feux d'utilisation de voies, les feux de passage à niveau, les feux de réglementation de stationnement, les feux de travaux et les feux de signalisation d'un poste de contrôle du transport routier.

■Feux de circulation

Les feux de circulation sont généralement installés aux intersections et utilisés pour accorder de façon ordonnée le droit de

passage aux véhicules et aux piétons en fonction des différents mouvements de la circulation. Si le feu de circulation est défectueux ou inopérant, le conducteur doit se comporter comme si l'intersection était réglementée par des panneaux d'arrêt pour toutes les directions sauf si une signalisation appropriée remplace le feu de circulation.

Le feu rouge

Le feu rouge indique l'obligation de s'arrêter. Le conducteur d'un véhicule routier ou d'une bicyclette doit immobiliser son véhicule en deçà de l'intersection, avant un passage pour piétons ou une ligne d'arrêt. En l'absence de cette dernière, le conducteur doit s'immobiliser avant la ligne latérale de la chaussée qu'il s'apprête à croiser. Il ne peut poursuivre sa route que lorsqu'un signal lui permettant d'avancer apparaît. En l'absence de feux de piétons, le piéton doit également se conformer à cette obligation de s'arrêter.

Le feu jaune

La couleur jaune annonce que le feu va passer au rouge et oblige le conducteur d'un véhicule routier ou d'une bicyclette à s'immobiliser avant le passage pour piétons ou la ligne d'arrêt. En l'absence de cette dernière, le conducteur s'arrête avant la ligne latérale de la chaussée qu'il s'apprête à croiser, à moins qu'il n'y soit déjà engagé ou qu'il en soit si près qu'il lui serait impossible de s'immobiliser sans danger. Il ne peut poursuivre sa route que lorsqu'un signal lui permettant d'avancer apparaît. En l'absence de feux de piétons, le piéton doit également s'y conformer.

Le feu vert

Le conducteur d'un véhicule routier ou d'une bicyclette qui fait face à un feu vert, clignotant ou non, doit poursuivre sa route après avoir cédé le passage aux véhicules routiers, aux cyclistes et aux piétons déjà engagés dans l'intersection. Le piéton faisant face à ce feu peut traverser la chaussée en l'absence de feux de piétons.

La flèche verte

La flèche verte clignotante ou non signale au conducteur d'un véhicule routier ou d'un bicyclette qu'il doit circuler dans le sens indiqué, en respectant les règles de priorité de passage qui prévalent devant un feu vert.

■Feux clignotants

Les feux clignotants, jaunes ou rouges, sont utilisés comme signalisation additionnelle pour souligner un point de conflit important.

Le feu rouge clignotant

Le conducteur d'un véhicule routier ou d'une bicyclette doit, au feu rouge clignotant, immobiliser son véhicule et céder le passage à tout véhicule qui, circulant sur une autre chaussée, s'engage dans l'intersection ou se trouve à une distance telle qu'il y a danger d'accident.

Le feu jaune clignotant

Au feu jaune clignotant, le conducteur d'un véhicule routier ou d'une bicyclette doit réduire sa vitesse et, après avoir cédé le passage aux autres usagers déjà engagés dans l'intersection, poursuivre sa route.

■Feux de piétons

Les feux de piétons régularisent les déplacements des piétons et leur évitent d'être en conflit avec les véhicules routiers.

La silhouette d'un piéton en marche

La silhouette du piéton indique aux piétons qu'ils peuvent traverser la chaussée dans le passage qui leur est réservé. Lorsqu'elle clignote, le piéton qui a déjà commencé à traverser doit presser le pas jusqu'au trottoir ou à l'îlot médian. À certaines intersections, un signal sonore s'adressant aux personnes souffrant de déficience visuelle émet un son continu lorsque la silhouette est allumée. Quand cette dernière commence à clignoter, le signal sonore émet un son intermittent.

La main orange

La main avertit les piétons de ne pas s'engager sur la chaussée. Lorsqu'elle clignote, le piéton qui a déjà commencé à traverser doit presser le pas jusqu'au trottoir ou à l'îlot médian.

■Feux de cyclistes

 Les feux de cyclistes, installés pour régulariser les déplacements des cyclistes, sont composés de trois feux disposés verticalement. Chaque lentille comporte une bicyclette de couleur rouge, jaune ou verte.

■Feux d'utilisation de voie

Les feux d'utilisation de voie sont constitués de feux rouges ayant la forme de X, de feux verts en forme de flèche pointant vers le bas et de feux jaunes en forme de flèche horizontale. Ils sont installés au-dessus d'une ou de plusieurs voies de la chaussée pour y permettre ou y interdire le passage des véhicules. La signification des symboles est la suivante:

Le X rouge

Le X rouge indique au conducteur de ne pas circuler ni s'arrêter dans la voie au-dessus de laquelle il est placé.

La flèche verte pointant vers le bas

La flèche verte indique au conducteur qu'il peut circuler dans la voie au-dessus de laquelle elle est placée.

La flèche jaune horizontale clignotante

La flèche jaune accompagne généralement le X rouge et indique au conducteur qu'il doit effectuer avec prudence un changement de voie vers la gauche ou vers la droite.

■Feux de passage à niveau

Les feux de passage à niveau sont constitués de feux rouges clignotants alternativement et installés au croisement d'une route et d'un chemin de fer. Lorsqu'ils fonctionnent, ils indiquent aux conducteurs et aux piétons l'approche ou la présence d'un véhicule sur rails et l'obligation qui leur est faite de s'immobiliser avant le passage.

■Feux de réglementation de stationnement

Les feux de réglementation de stationnement sont des dispositifs constitués de feux lumineux de couleur orange, accompagnés d'un panneau de réglementation. Ils ont pour objet de réglementer le stationnement sur rue, à certaines heures, en vue de faciliter les travaux d'entretien de la voie publique. La réglementation sur le panneau s'applique lorsque les feux sont en fonction.

■Feux de travaux

Les feux de travaux servent à signaler aux usagers les zones de travaux d'entretien ou de réparation d'un chemin.

Le feu de signalisation de travaux

Le feu jaune clignotant placé sur un véhicule indique aux usagers de la route l'une ou l'autre des situations suivantes:

- le véhicule peut nuire à la circulation;
- le véhicule peut circuler beaucoup plus lentement que la vitesse maximale permise ou à une vitesse inférieure à la vitesse minimale prescrite;
- le véhicule peut accompagner un autre véhicule dont les manœuvres peuvent nuire à la circulation.

La flèche de signalisation

La flèche fixée sur un véhicule ou sur une remorque indique aux usagers qu'une voie de circulation est obstruée et qu'ils doivent emprunter la voie de circulation demeurée ouverte. Le sens de la flèche indique la voie à utiliser. La flèche double indique qu'on peut circuler à gauche ou à droite de la voie obstruée. Pour indiquer la présence d'une aire de travail sur une route ayant une voie de circulation dans chaque sens, seule la barre centrale de la flèche de signalisation est allumée.

Montage muni de feux clignotants pour travaux mobiles

Le montage de feux clignotants est placé sur un véhicule accompagnateur qui précède des travaux mobiles. Il est composé d'un panneau de signalisation de travaux fixé sur une plaque carrée de couleur noire et munie à chaque coin d'un feu jaune clignotant. En voici un exemple.

■Feu de signalisation d'un poste de contrôle du transport routier

Le feu de signalisation indique au conducteur les manœuvres à effectuer, selon la couleur du feu ou le symbole.

- Feu rouge : arrêter pour pesée.
- Flèche jaune pointant vers le haut : avancer lentement.
- Main fermée avec doigt pointé : entrer au poste.
- Flèche jaune pointant vers le bas : reculer lentement.
- Feu vert : pesée terminée, départ autorisé.

■MARQUES SUR LA CHAUSSÉE

Les marques sur la chaussée visent à délimiter clairement les parties réservées aux différentes voies de circulation ou à certaines catégories d'usagers, ainsi qu'à indiquer les mouvements à exécuter. Elles complètent les indications des panneaux de signalisation et des feux de circulation.

■Fonction des marques sur la chaussée

Les marques sur la chaussée servent à indiquer :

- le sens de la circulation ;
- les voies de circulation ;
- les zones de dépassement interdit ;
- les rives de la chaussée et les bordures dangereuses ;
- les variations de largeur de la chaussée ;
- les zones de circulation des autobus et des autres véhicules lourds ;
- les abords d'intersections ;
- les lignes d'arrêt des véhicules ;
- les passages pour piétons, pour écoliers et enfants près d'un terrain de jeu ;

- les zones et les places réservées au stationnement;
- les zones de service réservées aux établissements commerciaux;
- les manœuvres particulières, au moyen de flèches de sélection;
- l'approche d'obstacles, qu'ils soient sur le bord de la route ou sur la chaussée;
- les voies cyclables;
- les voies réservées;
- les rampes de détresse.

■Couleur des marques sur la chaussée

Les marques de couleur jaune

- séparent les voies d'une chaussée à circulation dans les deux sens;
- déterminent les zones de dépassement interdit;
- déterminent la rive gauche de la chaussée sur une route à chaussées séparées;

- délimitent la bordure des musoirs (extrémité arrondie d'un îlot ou d'un terre-plein);

- précisent les endroits où la sécurité peut être compromise;

- déterminent les endroits où le stationnement est interdit;

- délimitent les endroits où les enfants, les piétons et les écoliers doivent traverser entre les intersections;

- recouvrent les bordures;

- délimitent les voies à circulation alternée;

- délimitent les voies de virage à gauche dans les deux sens;

- guident les manœuvres de virage aux intersections;

- délimitent les zones d'arrêt d'autobus;

- délimitent les voies réservées à contresens ou alternées.

Les marques de couleur blanche

- séparent les voies d'une chaussée à sens unique;

- indiquent que le changement de voie est interdit;

- délimitent la rive droite d'une chaussée sur une route;

- délimitent les deux rives d'une rue à sens unique ou d'une bretelle d'autoroute;

- délimitent les voies d'accélération et de décélération d'une route à voies rapides;

- déterminent l'espace où le stationnement est permis;

- délimitent l'endroit où les piétons, les enfants et les écoliers doivent traverser à une intersection;

- indiquent la voie dans laquelle les véhicules doivent s'engager pour prendre un virage ou pour continuer en ligne droite;

- guident les manœuvres de virage aux intersections;

- précisent l'endroit où les véhicules doivent s'immobiliser;

- délimitent les voies réservées dans le même sens.

■ Lignes, flèches et symboles

Des lignes blanches ou jaunes ainsi que des flèches et des symboles sont tracés sur la chaussée pour rappeler aux usagers un certain nombre de droits, d'obligations et de restrictions. Chaque tracé a une signification particulière.

Ligne simple discontinue – ligne simple continue

Les lignes simples discontinues et les lignes simples continues séparent les voies de circulation. Elles sont de couleur blanche lorsqu'elles séparent des voies de circulation à sens unique et de couleur jaune lorsqu'elles séparent des voies à sens contraire.

Une ligne simple discontinue peut être franchie à certaines conditions, alors que la ligne simple continue ne peut l'être.

Ligne mixte

Deux lignes jaunes continues accolées l'une à l'autre servent à séparer des voies de circulation à sens inverse. Elles ne peuvent être franchies. Par contre, deux lignes jaunes, l'une continue accolée à une ligne discontinue servent aussi à délimiter des voies de circulation à sens inverse. Le conducteur peut cependant les franchir à certaines conditions, lorsque la ligne discontinue est de son côté.

Ligne d'arrêt

La ligne d'arrêt de couleur blanche est tracée en travers de la chaussée, perpendiculairement aux intersections où sont installés des feux de circulation ou un signal d'arrêt. Elle indique le point limite d'arrêt des véhicules.

Délimitation des passages pour piétons, écoliers et enfants près d'un terrain de jeu.

Aux intersections où existent des feux de circulation ou un signal d'arrêt, deux lignes blanches parallèles tracées sur la chaussée indiquent l'espace réservé au passage des piétons. Entre les intersections, ces passages sont délimités par des bandes jaunes.

Les flèches et les symboles

Des flèches, généralement blanches, sont parfois peintes sur la chaussée. Elle servent à indiquer la direction des voies.

Le macle blanc, qui a la forme d'un losange allongé est le symbole de la voie réservée. Il indique à l'usager de la route qu'une voie de circulation est réservée à certaines catégories de véhicules.

La bicyclette peinte sur la chaussée constitue, quant à elle, le symbole des aménagements cyclables.

■DISPOSITIONS DU CODE DE LA SÉCURITÉ ROUTIÈRE CONCERNANT LA SIGNALISATION ROUTIÈRE

Seule la personne responsable de l'entretien d'un chemin public peut installer ou faire installer une signalisation sur ce chemin, laquelle doit être conforme aux normes établies par le ministère des Transports.

Il est interdit:

- d'installer un signal, une affiche, une indication ou un dispositif sur un chemin public sans l'autorisation de la personne responsable de l'entretien de ce chemin;
- d'installer ou d'exhiber sur une propriété privée, un signal, une affiche, une indication ou un dispositif qui empiète sur un chemin public ou qui est susceptible de créer de la confusion ou de faire obstruction à une signalisation sur un chemin public;
- de circuler sur une propriété privée afin d'éviter de se conformer à une signalisation.

Toute personne doit:

- se conformer à la signalisation installée sur un chemin en vertu du *Code de la sécurité routière;*
- obéir, malgré une signalisation contraire, aux ordres et signaux d'un agent de la paix, d'un brigadier scolaire ou d'un signaleur chargé de diriger la circulation lors de travaux.

CHAPITRE

5

L'ACCIDENT

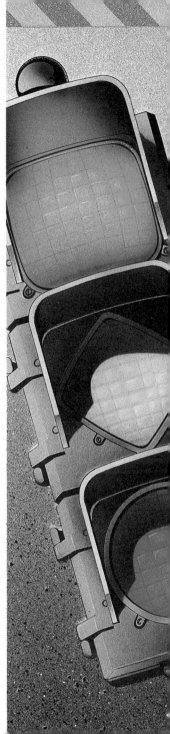

Chaque année surviennent au Québec quelque 200 000 accidents de la route qui font des dizaines de milliers de victimes. Celles-ci sont indemnisées en vertu du régime public d'assurance automobile qui protège tous les résidents québécois victimes de dommages corporels lors d'un accident d'automobile survenu au Québec ou ailleurs, qu'ils soient ou non responsables de l'accident.

Le régime peut également indemniser les non-résidents qui ont subi des blessures dans un accident survenu au Québec.

Par ailleurs, le conducteur d'un véhicule routier est tenu à certaines obligations au regard de la loi.

■ L'ASSURANCE AUTOMOBILE
• • • • • • • • • • • • • • • •

■ Au Québec

Tout propriétaire de véhicule doit se rappeler que:

- La *Loi sur l'assurance automobile* lui impose l'obligation de posséder une police d'assurance de responsabilité pour **dommages matériels** d'au moins 50 000 $. Cette assurance relève de l'entreprise privée.

- la Société de l'assurance automobile du Québec indemnise, **sans égard à la responsabilité**, tous les Québécois victimes de **dommages corporels** lors d'accidents survenus au Québec ou à l'extérieur du Québec. Il s'agit ici des automobilistes et de leurs passagers, des motocyclistes, cyclistes, piétons ou autres usagers de la route (voir les cas d'exclusion plus loin).

Le régime public d'assurance automobile, en vigueur depuis 1978, protège toutes les personnes qui ont le statut de résident du Québec. Il permet d'indemniser les victimes de dommages corporels sans déterminer le responsable de l'accident. Le droit de recours aux tribunaux civils est inexistant.

Bien entendu, les personnes qui conduisent dangereusement ou commettent des infractions au *Code de la sécurité routière* et au *Code criminel* sont toujours sujettes à poursuite en vertu de ces lois.

■ À l'extérieur du Québec

Le Québécois blessé dans un accident d'automobile survenu hors du Québec a droit aux mêmes indemnités prévues par le régime d'assurance automobile pour les dommages corporels, qu'il soit ou non responsable de l'accident.

Toutefois, s'il est responsable de l'accident, il est susceptible d'être poursuivi devant les tribunaux du lieu de l'accident pour les dommages matériels et corporels causés à autrui. C'est alors son assurance-responsabilité, obligatoire pour circuler en territoires canadien et américain, qui dans ce cas va le protéger. Cependant, celle-ci devrait avoir une couverture suffisante pour compenser tous les dommages.

Donc, avant de circuler dans une autre province canadienne ou un État américain, le Québécois devrait vérifier auprès de son assureur privé si la couverture de son assurance-responsabilité est assez élevée pour compenser à la fois les dommages matériels et corporels causés à autrui. De même, s'il prévoit conduire un véhicule ailleurs dans le monde, il devrait se renseigner sur la couverture à prendre pour avoir une protection suffisante.

Par ailleurs, s'il n'est pas responsable de cet accident, il conserve son droit de poursuite en vertu de la loi du lieu de l'accident, et peut exercer ce droit s'il estime pouvoir obtenir un excédent à l'indemnité que peut lui verser la Société.

■ Les non-résidents

Les non-résidents sont couverts par le régime québécois d'assurance automobile lorsque l'accident survient au Québec.

Si le non-résident est propriétaire, conducteur ou passager d'une automobile **immatriculée au Québec**, il a droit à toutes les indemnités, au même titre qu'un Québécois.

Les autres non-résidents qui ont un accident d'automobile au Québec sont indemnisés par la Société dans la proportion inverse de leur part de responsabilité dans l'accident. Mentionnons enfin que la Société a conclu des ententes avec l'Ontario, le Manitoba et l'Alberta. Grâce à ces ententes, les résidents de ces provinces qui subissent des dommages corporels dans un accident d'automobile au Québec bénéficient des mêmes avantages, par l'entremise de leur assureur privé, que les résidents québécois.

■ Les cas d'exclusion

Certaines victimes d'accident n'ont pas droit aux indemnités versées par la Société :

• lorsque l'accident survient lors d'une compétition, d'un spectacle ou d'une course d'automobiles sur un terrain fermé à toute autre circulation automobile ;

• lorsque le dommage est causé par une motoneige ou un véhicule destiné à être utilisé en dehors d'un chemin public (ex. : véhicule tout terrain), par un tracteur de ferme, une remorque de ferme, un véhicule d'équipement (ex. : véhicule de déneigement) ou une remorque d'équipement et qu'il survient en dehors d'un chemin public sauf si une automobile en mouvement autre que les véhicules mentionnés dans ces paragraphes est impliquée dans l'accident ;

• si le dommage est causé lorsqu'une automobile n'est pas en mouvement dans un chemin public, soit par un appareil susceptible de fonctionnement indépendant incorporé à l'automobile (ex. : échelle d'un camion d'incendie), soit par l'usage de cet appareil.

■ Les indemnités

À la suite d'un accident, la Société de l'assurance automobile peut verser une ou plusieurs des indemnités suivantes :

• une indemnité de remplacement du revenu ;

• une indemnité forfaitaire pour les séquelles ;

• le remboursement de certains frais occasionnés par l'accident (frais médicaux et paramédicaux, transport par ambulance, achat de prothèses ou d'orthèses, remplacement de vêtements, etc.) ;

• une indemnité forfaitaire pour la perte d'une année scolaire ou, au niveau postsecondaire, d'une session d'études ;

• le remboursement des frais de garde ou de frais d'aide personnelle à domicile ;

• le remboursement des frais de remplacement de main-d'œuvre pour les personnes travaillant sans rémunération dans une entreprise familiale ;

- une indemnité de décès;
- une indemnité forfaitaire pour frais funéraires.

La majorité des indemnités versées par la Société sont revalorisées annuellement.

La Société peut prendre les mesures nécessaires pour acquitter les dépenses de nature à faciliter le retour à la vie normale des victimes, ainsi que leur réinsertion dans la société et sur le marché du travail. Elle peut, ainsi, rembourser les frais d'adaptation d'un véhicule ou d'une résidence des victimes d'accidents; elle peut aussi rembourser des frais de formation ou de rééducation des accidentés, ou encore les frais d'équipements spéciaux jugés essentiels à leur réadaptation.

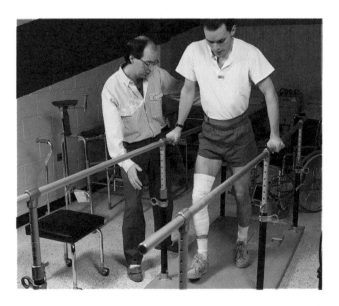

■Le droit d'appel

Il est possible, pour toute personne qui croit avoir été lésée par une décision de la Société, de contester cette décision. Un formulaire de demande de révision peut être obtenu en s'adressant à la Société. Dès que ce formulaire est transmis, la Société accorde un délai de 60 jours pour le retourner. Cette demande doit apporter la preuve que la victime a droit aux indemnités qu'elle réclame; elle doit donc comporter les faits qui le démontrent. Elle doit aussi être signée par le réclamant.

Si la victime n'est pas satisfaite de la nouvelle décision, elle peut, dans un deuxième temps, faire appel à la Commission des affaires sociales.

■LES DOMMAGES MATÉRIELS
••••••••••••••••

L'assurance de responsabilité pour dommages matériels à autrui est obligatoire au Québec. Lors de la collision d'au moins deux véhicules dont les propriétaires sont connus, chacun doit recourir à son propre assureur (convention d'indemnisation directe).

■LE DÉLIT DE FUITE ET L'INSOLVABILITÉ
••••••••••••••••

Certaines victimes dépourvues d'assurance de responsabilité se trouvent sans protection devant l'insolvabilité ou le délit de fuite du responsable de l'accident. À certaines conditions, la Société indemnise ces victimes pour les dommages matériels et corporels qu'elles ont subis.

■L'accident avec dommages matériels

Les victimes de **dommages matériels** causés à leur véhicule ou à un autre bien lors d'un accident d'automobile, peuvent être indemnisées dans les circonstances suivantes:

- lorsqu'elles ont obtenu un jugement en leur faveur d'une cour de justice québécoise, jugement impossible à satisfaire par suite de l'insolvabilité du responsable de l'accident ou l'insuffisance de sa police d'assurance de responsabilité;
- lorsqu'il est impossible de découvrir l'identité du propriétaire ou du conducteur du véhicule responsable de l'accident (ex.: délit de fuite).

■L'accident avec dommages corporels et matériels

De même, les victimes d'accidents d'automobile survenus hors d'un chemin public et causés par un tracteur ou une remorque de ferme, une motoneige, un véhicule ou une remorque d'équipement ou tout autre véhicule destiné à circuler en dehors d'un chemin public, peuvent s'adresser à la Société pour les **dommages corporels et matériels** qu'elles ont subis :

- lorsqu'elles ont obtenu en leur faveur un jugement non exécuté en raison de l'insolvabilité du responsable de l'accident ou de l'insuffisance de sa police d'assurance de responsabilité ;
- lorsqu'il est impossible de découvrir l'identité du propriétaire ou du conducteur du véhicule qui a causé l'accident.

■EN CAS D'ACCIDENT

Si l'on est soi-même en cause

Le conducteur d'un véhicule routier qui a un accident doit :

- rester sur les lieux ou y retourner immédiatement après l'accident ;
- si nécessaire, venir en aide aux personnes en difficulté ;
- faire appel à un agent de la paix si une personne a été blessée lors de l'accident ;
- fournir à l'agent de la paix ou à la personne qui a subi un dommage :
  - ses nom et adresse, le numéro de son permis de conduire ;
  - les nom et adresse du propriétaire inscrit au certificat d'immatriculation et le numéro d'immatriculation du véhicule ;
  - l'attestation d'assurance ou de solvabilité.

Advenant une collision avec un objet inanimé, un animal de plus de 25 kg ou un véhicule routier inoccupé, le conducteur en cause, s'il ne peut rejoindre le propriétaire du bien endommagé ou son représentant sur les lieux de l'accident ou à proximité, doit communiquer sans délai avec le poste de police le plus proche pour rapporter l'accident et fournir les renseignements mentionnés plus haut.

Le conducteur qui ne respecte pas ces obligations est passible d'une amende.

■ Sur la scène d'un accident

Le premier conducteur arrivé sur les lieux doit, au besoin:

- ranger son véhicule sur l'accotement, à une trentaine de mètres de l'endroit de l'accident;
- signaler l'accident aux autres usagers de la route en utilisant les feux de détresse. Des fusées éclairantes peuvent aussi être d'un grand secours;
- demander à des personnes d'agir comme signaleurs, à distance raisonnable du lieu de l'impact et à l'endroit le plus propice pour prévenir les autres conducteurs;
- couper le contact dans les voitures accidentées et exiger que personne ne fume à cause du risque de feu et d'explosion;
- porter secours aux blessés dans la mesure de ses connaissances des techniques de premiers soins. Sinon, éviter toute manipulation;
- rapporter l'accident par téléphone au service de police le plus proche, en précisant le plus exactement possible le lieu de l'accident, le nombre de victimes et de véhicules endommagés.

Ne jamais déplacer un blessé, sauf en cas de danger réel de feu ou de collision avec un autre véhicule.

■ Premiers soins

Le conducteur prudent garde toujours une trousse de premiers soins dans son véhicule et il porte secours de la façon suivante:

- **Blessures:** en attendant l'arrivée du médecin ou des ambulanciers, arrêter l'écoulement du sang par pression avec un tampon, le pouce ou la main, si l'on possède les compéten-ces requises. Recouvrir la plaie d'un pansement propre et faire un bandage solide. Si nécessaire, faire un tourniquet.

- **Brûlures:** au moyen d'un pansement propre, isoler la brû-lure de l'air et la recouvrir d'un bandage. Ne pas crever les ampoules ni enlever les vêtements.

- **Autres précautions:** garder le blessé au repos et le tenir au chaud dans une couverture. Ne rien lui faire avaler s'il est inconscient ou si on soupçonne une hémorragie interne. Dans les autres cas, on recommande d'humecter la bouche du blessé et de lui faire boire, par petites gorgées, du thé ou du café chaud sucré.

■SI VOUS ÊTES BLESSÉ OU SI QUELQU'UN DÉCÈDE DANS UN ACCIDENT

Voici ce qu'il faut faire:

- demander le formulaire «Demande d'indemnité» ou «Demande d'indemnité de décès», selon le cas, en commu-niquant par téléphone avec un centre de renseignements de la Société de l'assurance automobile. Composer l'un des numéros suivants:

  643-7620 (si vous pouvez atteindre Québec, sans frais);

  873-7620 (si vous pouvez atteindre Montréal, sans frais);

  1-800-361-7620 (ailleurs au Québec, sans frais).

Dès que le réclamant a communiqué avec la Société, un pré-posé aux renseignements lui fait parvenir les documents néces-saires pour produire une demande et lui offre l'aide technique nécessaire pour remplir le formulaire. Au besoin, le préposé peut envoyer une personne au domicile de l'accidenté ou au centre hospitalier si la victime est hospitalisée, pour l'aider à remplir sa demande. Les formulaires sont également disponi-bles dans les centres de service de la Société.

CHAPITRE

•••••• **6** ••••••

RAPPEL
DE QUELQUES
INFRACTIONS
ET AMENDES

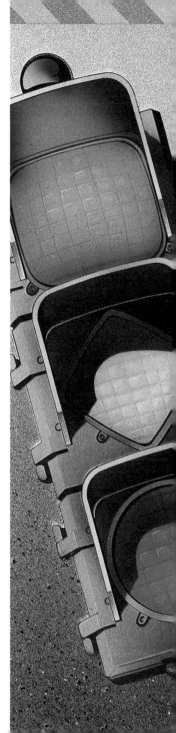

RAPPEL DE QUELQUES INFRACTIONS ET AMENDES

La principale loi qui régit les infractions routières est le *Code de la sécurité routière.* Tout conducteur doit savoir que le paiement d'une amende équivaut à une déclaration de culpabilité et que, en contrepartie, le non-paiement de cette amende peut l'amener devant les tribunaux.

Outre l'imposition d'amendes, des points d'inaptitude sont inscrits au dossier du conducteur pour certaines infractions.

Voici un tableau de quelques infractions au *Code de la sécurité routière* et des amendes qui en découlent.

■ INFRACTIONS ET AMENDES
● ● ● ● ● ● ● ● ● ● ● ● ● ● ● ● ● ●

■ Le permis de conduire

INFRACTIONS	AMENDES
Ne pas avoir avec soi son permis de conduire, son permis d'apprenti conducteur, son permis probatoire ou son permis restreint	30 $ à 60 $
Ne pas communiquer un changement d'adresse à la Société dans les 30 jours	60 $ à 100 $
Fournir sciemment un renseignement faux ou trompeur lors d'une demande de permis	300 $ à 600 $
Conduire un véhicule routier sur un chemin public sans être titulaire d'un permis de la classe appropriée	300 $ à 600 $
Conduire un véhicule routier malgré la révocation ou la suspension du permis, ou la suspension du droit d'en obtenir un pour un motif autre qu'une infraction criminelle liée à la conduite d'un véhicule routier ou que l'accumulation de points d'inaptitude	300 $ à 600 $
Conduire un véhicule ou en avoir la garde après avoir consommé de l'alcool, alors qu'on est âgé de moins de 25 ans ou titulaire depuis moins de 5 ans d'un permis d'apprenti conducteur, probatoire ou de classe 6D—cyclomoteur	300 $ à 600 $

INFRACTIONS	AMENDES
Laisser conduire un véhicule par une personne qui n'est pas titulaire d'un permis de la classe appropriée ou qui fait l'objet d'une sanction :	
• pour un motif autre qu'une infraction au *Code criminel* liée à la conduite d'un véhicule routier	300 $ à 600 $
• pour toute autre infraction au *Code criminel*	600 $ à 2 000 $
Conduire un véhicule routier malgré la révocation ou la suspension du permis ou la suspension du droit d'en obtenir un à la suite d'une accumulation de points d'inaptitude	600 $ à 2 000 $
Conduire un véhicule routier malgré la révocation du permis ou la suspension du droit d'en obtenir un par suite d'une déclaration de culpabilité à une infraction criminelle liée à la conduite d'un véhicule routier	1 500 $ à 3 000 $

■ L'immatriculation

INFRACTIONS	AMENDES
Ne pas avoir avec soi son certificat d'immatriculation, son attestation d'assurance ou de solvabilité, une preuve de la durée du prêt du véhicule ou sa copie du contrat de location	60 $ à 100 $
Ne pas communiquer un changement d'adresse à la Société dans les 30 jours	60 $ à 100 $
Conduire un véhicule routier muni d'une plaque d'immatriculation d'une autre catégorie que la sienne, ou de la plaque d'immatriculation d'un autre véhicule routier	200 $ à 300 $

INFRACTIONS	AMENDES
Fixer une plaque factice ou la plaque d'immatriculation d'un autre véhicule routier	200 $ à 300 $
Omettre de retourner sa plaque à la Société en cas de suspension d'immatriculation	300 $ à 600 $
Fabriquer une plaque factice	600 $ à 2 000 $

■ Le véhicule et son équipement

INFRACTIONS	AMENDES
Conduire un véhicule routier pourvu d'un équipement mal entretenu	60 $ à 100 $
Conduire un véhicule routier non muni de deux rétroviseurs	100 $ à 200 $
Conduire un véhicule routier ou un ensemble de véhicules routiers non muni d'au moins un système de freins en bon état de fonctionnement	100 $ à 200 $
Conduire un véhicule routier muni de pneus non conformes aux normes, sur un chemin public	200 $ à 300 $
Conduire un véhicule routier dont le système de freins a été modifié ou altéré pour en diminuer l'efficacité	200 $ à 300 $
Enlever ou faire enlever, modifier ou faire modifier, mettre ou faire mettre hors d'usage une ceinture de sécurité	200 $ à 300 $
Conduire un véhicule routier muni d'un détecteur de radar	500 $ à 1 000 $
Modifier, effacer, rendre illisible, remplacer ou enlever le numéro d'identification d'un véhicule routier sans autorisation préalable de la Société	600 $ à 2 000 $

■ La circulation

INFRACTIONS	AMENDES
Suivre un véhicule routier sans conserver une distance prudente et raisonnable	100 $ à 200 $
Ne pas signaler son intention de dépasser au moyen des feux indicateurs de changement de direction	30 $ à 60 $
Freiner brusquement sans raison	30 $ à 60 $
Laisser un enfant de moins de 7 ans sans surveillance dans un véhicule routier	60 $ à 100 $
Ne pas diminuer l'intensité de l'éclairage avant de son véhicule, une fois parvenu à moins de 150 m du véhicule qu'on suit ou qu'on va croiser, ou encore sur un chemin suffisamment éclairé	60 $ à 100 $
Conduire un véhicule routier sur un chemin public sans porter sa ceinture de sécurité correctement	80 $ à 100 $
Occuper un véhicule routier sans porter sa ceinture de sécurité correctement	80 $ à 100 $
Conduire un véhicule routier avec un passager âgé de moins de 16 ans, qui ne porte pas correctement la ceinture de sécurité ou un dispositif de sécurité conforme aux normes	80 $ à 100 $
Ne pas céder le passage à un piéton face à un feu vert ou à un feu blanc fixe ou clignotant pour piétons	100 $ à 200 $
Enfreindre la signalisation installée sur un chemin public	100 $ à 200 $
Accélérer lorsqu'une voiture tente de nous doubler ou est sur le point d'y arriver	200 $ à 300 $
Effectuer en zigzag plusieurs dépassements successifs	200 $ à 300 $

INFRACTIONS	AMENDES
Doubler une bicyclette à l'intérieur de la même voie de circulation, quand il n'y a pas l'espace suffisant pour le faire sans danger	200 $ à 300 $
Doubler par la droite sauf pour dépasser un véhicule qui tourne à gauche ou se dirige vers une voie de sortie	200 $ à 300 $
Franchir une ligne continue pour doubler	200 $ à 300 $
Ne pas s'immobiliser à plus de 5 m d'un autobus ou d'un minibus affecté au transport d'écoliers quand les feux intermittents de ces véhicules sont en marche	200 $ à 300 $
Croiser ou dépasser un autobus ou un minibus d'écoliers dont les feux intermittents sont en marche	200 $ à 300 $
Consommer des boissons alcoolisées à l'intérieur d'un véhicule routier:	
• pour le conducteur	300 $ à 600 $
• pour le passager	200 $ à 300 $
Conduire un véhicule routier pour un pari, un enjeu ou une course avec un autre véhicule, sauf s'il s'agit d'un rallye approuvé	300 $ à 600 $

■ La vitesse

INFRACTIONS	AMENDES
Vitesse et gestes imprudents susceptibles de mettre en péril la vie, la propriété ou la sécurité des personnes	300 $ à 600 $

Les infractions aux limites de vitesse:	
Amende de base:	15 $

• Amende additionnelle par tranche complète de 5 km/h excédant la vitesse permise:

1 à 20 km/h:	10 $
21 à 30 km/h:	15 $
31 à 45 km/h:	20 $
46 à 60 km/h:	25 $
61 km/h ou plus:	30 $

INFRACTIONS	AMENDES
Exemple 1	

Limite de vitesse de:	50 km/h	
Vitesse enregistrée:	75 km/h	
Excès de:	25 km/h	
Amende:		15 $ + 75 $ = 90 $

Exemple 2

Limite de vitesse de:	70 km/h	
Vitesse enregistrée:	120 km/h	
Excès de:	50 km/h	
Amende:		15 $ + 250 $ = 265 $

■ La vérification mécanique

INFRACTIONS	AMENDES
Remettre en circulation après 48 heures un véhicule routier présentant une défectuosité mineure, sans faire la preuve de sa conformité avec le *Code*	100 $ à 200 $
Remettre en circulation un véhicule routier présentant une défectuosité majeure, sans faire la preuve de sa conformité avec le *Code*	300 $ à 600 $

■ La bicyclette

INFRACTIONS	AMENDES
Ne pas munir sa bicyclette de l'équipement obligatoire ou, la nuit, d'un réflecteur blanc à l'avant et d'un feu rouge à l'arrière	15 $ à 30 $
Ne pas circuler à califourchon, ni tenir constamment le guidon	15 $ à 30 $
Conduire une bicyclette entre deux rangées de véhicules circulant sur des voies contiguës	15 $ à 30 $
Transporter un passager sans disposer d'un siège fixé à cette fin	15 $ à 30 $
Ne pas circuler à la file dans un groupe de deux cyclistes ou plus	15 $ à 30 $
Ne pas circuler à l'extrême droite de la chaussée et dans le même sens que la circulation	15 $ à 30 $
Omettre de se conformer à la signalisation ou aux règles de la circulation	15 $ à 30 $
Ne pas emprunter les pistes ou les bandes cyclables lorsque la chaussée en comporte	15 $ à 30 $
Modifier, rendre illisible, effacer, remplacer ou enlever le numéro d'identification d'une bicyclette sans une approbation préalable de la Société	30 $ à 60 $
Porter des écouteurs ou un baladeur	30 $ à 60 $

■ La motocyclette et le cyclomoteur

INFRACTIONS	AMENDES
Ne pas s'asseoir sur son siège ni tenir constamment le guidon pour circuler	30 $ à 60 $
Ne pas porter le casque protecteur	80 $ à 100 $
Ne pas adopter la formation en zigzag pour circuler en groupe de deux ou plus	100 $ à 200 $
Conduire entre deux rangées de véhicules circulant sur des voies contiguës	100 $ à 200 $

■ Le piéton

INFRACTIONS	AMENDES
Ne pas se conformer aux feux de piétons ou de signalisation	15 $ à 30 $
Traverser un chemin public à un endroit autre que l'intersection ou le passage pour piétons situés à proximité	15 $ à 30 $

INDEX

T

Téléviseur, 67
Traverse d'animaux, 67

V

Véhicule d'urgence, 61, 74
Véhicule hors route
– règles de circulation, 79
– règles d'utilisation, 78
Véhicule lourd
– autres obligations, 76, 77
– obligations du conducteur, 75
– règles particulières concernant
les autobus, 77
Vente
– à un commerçant, 89
Vérification mécanique, 87,
98, 99
Vignettes d'identification
– pour personnes
handicapées, 91
Virages, 49
– à droite, 50
– à gauche, 51 à 54
Vision, 26
– nocturne, 28
– stéréoscopique, 28
Vitesse
– infractions et amendes, 196
Vitres, 96
Voies
– utilisation, 42 à 46

Achevé d'imprimer en décembre 1998
sur les presses de l'imprimerie
Interglobe inc.
à Beauceville